# 我的父亲齐燕铭

齐翔延 齐翔安 著

文物出版社

封面设计：周小玮
责任印制：王少华
责任编辑：黄文昆

图书在版编目（CIP）数据

我的父亲齐燕铭/齐翔延，齐翔安著．—北京：文物出版社，2008.12

ISBN 978-7-5010-2574-9

I.我…　II.①齐…②齐…　III.齐燕铭(1907~1978)-生平事迹　IV.K827=7

中国版本图书馆 CIP 数据核字（2008）第 190827 号

我的父亲齐燕铭

齐翔延　齐翔安　著

文物出版社 出版发行

北京市东直门内北小街 2 号楼

邮政编码：100007

http://www.wenwu.com

E-mail：web@wenwu.com

燕泰美术制版印刷有限责任公司制版印刷

新　华　书　店　经　销

*

2008 年 12 月第 1 版　2008 年 12 月第 1 次印刷

850 × 1168　1/32　印张：10.5

ISBN 978-7-5010-2574-9　定价：48.00 元

1907-1978

# 目　录

# 序

于光远

齐燕铭同志的名字，我是上世纪40年代开始知道的。1943年，延安上演过一出京剧《逼上梁山》，演出很轰动，受到边区军民的热烈欢迎。剧本是中央党校的研究员杨绍萱写的，编剧与导演就是齐燕铭。毛泽东特地致信杨、齐，称赞他们做了“很好的工作”。高度评价：“从此旧剧开了新生面”，这“将是旧剧革命的划时代的开端”。我那时在延安，当然也知道这件事，但不熟悉他本人。

同燕铭同志熟识，是建国以后了。50年代和70年代，我们曾经两度共事。1956年国务院设立专家局，他兼任局长（他的主要工作岗位是国务院副秘书长兼总理办公室主任），我兼任副局长之一（我的主要工作在中宣部科学处）。1975年国家计委设立经济研究所，我兼任所长（我的主要工作在国务院政研室），他是这个所的顾问之一。关于这两段共事，我写过一篇回忆，收入了我的《朋友和朋友们的书》里，这里不再赘述。

我的印象中，燕铭同志是一位儒雅、善良、有些书生气的共产党人。我知道他早年就读中国大学，颇受吴承仕教授影响和栽培，毕业后在多所大学包括母校中国大学任教。除了国学造诣，燕铭同志还多才多艺，善诗词歌赋、金石书画，而且对京剧一直有兴趣并有研究。这样的人，党内实在不太多。他多年在周恩来身边工作，在城工部、统战部、国务院都是总理得力可靠的助手。60年代后，总理派他到文化部，任文化部副部长兼党组书记，这是专门同知识分子、同文化人打交道的工作。分配燕铭同志做这样的工作，我觉得是用其所长。他不仅文化素养和思想水平高，思维缜密，考虑周到，办事细致，更重要的是，他本人就是知识分子，同文化界、知识界有一种天然的情感，与之有良好的沟通。

作为周恩来总理的助手，燕铭同志席不暇暖，呕心沥血，做了大量富有成效的工作，很得周恩来赏识；作为文化部门的负责人，他对我国文化事业的繁荣和发展，做出了许多努力和可贵贡献。可是他后来的遭遇，却令人痛惜。1963、1964年，毛泽东作了关于文艺问题的两个批示，严厉批评当时的文艺界，说“各种艺术形式——戏剧、曲艺、音乐、美术、舞蹈、电影、诗和文学等等，问题不少”，“许多部门至今还是‘死人’统治着”，“许多共产党人热心提倡封建主义和资本主义的艺术，却不热心提倡社会主义的艺术”，“竟然跌到了修正主义的边缘”。文化部被戴上了“帝王将相部”、“才子佳人部”、“外国死人部”这样的帽子。燕铭同志因此受到严厉批判，被免职外放；“文革”一来，更是历经磨难，身陷囹圄，备遭摧残。直到1974年，在周恩来的干预下，燕铭同志才被“解除监护”。粉碎“四人帮”以后，燕铭同志担任了全国政协秘书长、中共中央统战部副部长。正当他倾心竭力、重新施展才能时，疾病却夺去了他的生命，其时，“文革”结束刚两年，十一届三中全会还没召开。他走得太早了！想起这些，就唏嘘不已。

燕铭同志一生中的一“誉”一“毁”，很有些耐人寻味。一“誉”：一封信函，备加赞赏；一“毁”：两个批示，极尽指责。历史证明，那“誉”至今经受了考验，那“毁”却是根本错误的。“文革”后，燕铭同志恢复了名誉；对建国后十七年的文化工作也有了新的评价：建国十七年的文化工作包括燕铭同志主持文化部时的工作取得了很大成就，两个批示背离了实际，导致了意识形态领域的一系列错误批判。

燕铭同志平反了，但他多年的遭遇却令人沉思。在曲折复杂的政治生活中，燕铭同志以及从事文化、教育、科学工作的党内干部，心理可能十分复杂：一方面，他们自觉遵循中央高层的决策，“紧跟”最高领导人的部署；另一方面，他们心底又有许多困惑、许多痛苦。良知使得他们把知识分子当成朋友，“指示”又迫使他们不能不把知识分子作为斗争对象。政策“宽松”时，他们尽其所能缓和同知识分子的关系，尽量发挥知识分子的作用；政策收紧时，他们又如履薄冰、如临深渊，不知哪一天自己的一切努力又将被政治运动吞没。造成他以及许多类似于他那样的个人遭遇，是我们党的历史悲剧。几十年里，在文化方针路线方面、在知识分子政策方面，我们党有太多的深刻教训。

建国以后，对知识分子的观念和政策发生了大问题，可以说是走向了严重的误区。知识分子的阶级属性应该如何确定？1950年8月中央人民政府颁布划分阶级成份的决定，规定凡受雇于国家的、合作社的或私人的机关、企业、学校等，为其中办事人员，取得工资以为生活之全部或主要来源的人，称为职员，职员为工人阶级中的一部分。这个决定还特别指出，高级职员，如工程师、教授、专家，其阶级成分与一般职员相同，也就是说，把他们也划入了工人阶级范畴。中央人民政府的决定，无疑应代表中央高层集体的共识。

然而，50年代初，党确定的知识分子政策，叫“团结、教育、改造”。这个政策蕴含的意思，就是认为知识分子还没有确立工人阶级立场，思想上还属于小资产阶级或资产阶级，还要通过“改造”来转变立场。既然没有转变到工人阶级立场，知识分子是否还属于工人阶级的一部分呢？问题又变得模糊和暧昧了。事实上，50年代前期的一系列政治运动：思想改造、批判电影《武训传》、“三反”、批判《红楼梦》研究、批判胡适唯心主义、批判胡风集团和内部肃反等等，几乎无一不是把知识分子当作对象，很难说把他们归入“工人阶级的一部分”。

1956年初，事情似乎有了转机。中央召开了知识分子问题会议，周恩来在报告中，明确肯定知识界的面貌“在过去六年来已经发生了根本的变化”，“他们中间的绝大部分已经成为国家工作人员，已经为社会主义服务，已经是工人阶级的一部分”。那次会议，我参与了一些筹备工作。会后，中央作出了关于知识分子问题的指示，根据周恩来报告的意思，也肯定知识分子的基本队伍已经成了劳动人民的一部分。这个指示稿的起草，我也参与了。

这年9月党的八大召开。但是，关于知识分子的阶级属性，还是提“资产阶级、小资产阶级知识分子”。认为大多数知识分子是非劳动人民家庭出身，有些人出身工农家庭，世界观基本上也是资产阶级的，所以“他们还是属于资产阶级的知识分子”。1957年的反右运动，把知识分子与资产阶级划在一起。确定反右斗争主要是在资产阶级和知识分子中进行。反右运动之后，毛泽东提出了“两个剥削阶级”的观点，断定我国还存在两个剥削阶级：一个是被打倒了的地主买办阶级及其他反动派和资产阶级右派，一个是民族资产阶级和它的知识分子。总之，知识分子是被划入资产阶级的范畴。这个观点被八大二次会议接受，成了党关于知识分子属性问题的“法定”结论。

60年代初，实行经济调整的同时，政治和社会关系也进行了调整。1962年3月召开有名的广州会议（全国科技工作会议和戏剧创作座谈会），会上周恩来、陈毅宣布为知识分子“脱帽加冕”：脱掉“资产阶级”的帽子，加上“劳动人民”的桂冠。我参加了科技工作会议。周恩来讲话前，专门约集聂帅、陶铸、张劲夫、林默涵、范长江和我等人座谈，讨论这个问题。我记得总理还问我：于光远，你是中宣部的，说说你的意见。我也表示赞成。回到北京，周恩来在二届人大三次会议上作政府工作报告，宣布：“知识分子中的绝大多数，都是积极地为社会主义服务，接受中国共产党的领导，并且愿意继续进行自我改造的。毫无疑问，他们是属于劳动人民的知识分子。”“如果还把他们看作是资产阶级知识分子，显然是不对的。”周恩来的报告经过了中央政治局讨论，是中央作出的正式结论。这个结论，当然是对八大二次会议结论的重大修改。

然而，党内对周恩来作出的这个论断有分歧，有些人不赞成对知识分子属性的这个判定。几个月后，在北戴河开会，讲到摘掉知识分子的“资产阶级”帽子时，毛泽东说：资产阶级知识分子有些人阳魂过来了，但是阴魂未散；有的连阳魂也没有过来。党同知识分子的关系再度紧张。北戴河会议再次强调阶级斗争，随后，意识形态领域的一系列批判运动接踵而至，批昆剧《李慧娘》，批“有鬼无害”论，批“合二而一”，批孙冶方的经济思想，批翦伯赞的史学观点，直到批《海瑞罢官》；认为有一条文艺黑线，建国十七年来“一直专我们的政”；教育领域，则被说成是“资产阶级统治了我们的学校”。燕铭同志就是从这个时候开始横遭批判的。至于“文化大革命”中，知识分子更是陷于灭顶之灾，被侮辱成“臭老九”，排列于地富反坏右之后。

纵观从建国到“文革”的历史，中国的知识分子，在政治上从来是“灰头土脸”。问题的关键，在于对他们阶级属性判定上的严重错误，而这个错误的根源在于“皮毛论”，即所谓“皮之不存，毛将焉附。”长期以来，知识分子被认为是“毛”，它只能依附于某个阶级的“皮”。依附和依赖于统治阶级而生存。今天来总结历史的教训，我觉得，认识知识分子问题，必须突破“皮毛论”这个框框。知识分子本身就是独立的社会主体，而且是代表社会最为先进的力量，也是国家发展、民族进步的中坚。任何社会、任何政党、任何政府，如果不是依靠（绝非仅仅是“团结”）知识分子，而视知识分子为敌人、为“异己”，那只能是对历史的反动，其结果只会被前进的人类社会所抛弃。

《我的父亲齐燕铭》就要出版了。它的出版，对读者了解燕铭同志的生平、业绩、思想和人格，无疑会有所帮助。前些年，他的女儿齐翔延告诉我编这本书的事，我答应作序。今年是燕铭同志去世三十周年，现在书稿即将付梓，我写下这些话，既是兑现我的“承诺”，更是表达我对他的纪念。

2008 年 5 月

# 我的父亲齐燕铭

齐翔延　齐翔安

## 一、自由温暖的家庭

1907-1919

齐燕铭，蒙古族。1907年11月3日诞生于北京市西总布胡同14号。祖籍内蒙古喀剌沁旗，清代属于蒙八旗正蓝旗。其祖父齐礼特·格哷铿额，是清朝三甲进士、翰林，但年仅39岁即因患肺结核病逝。祖母博尔济吉特氏26岁就守寡了。带着两个孩子，一个是丈夫前妻留下的12岁的儿子，另一个是遗腹子。孤儿寡母处处受欺侮。他们被迫离家，回到娘家苦苦度日。祖母虽是家庭妇女，但读过许多书，有思想，有志气，而且持家有方。封建礼教使她感受切肤之痛，因而主张革新，愿意接受新事物。她严格认真地培养两个儿子。待儿子就业以后，家境渐渐好转。后来两人最多时月收入能有两千余元。但其祖母不

祖母博尔济吉特氏。她十分钟爱孙儿，齐燕铭从小与她同住同餐。直到中学以前，都是祖母亲自教导他

幼年的齐燕铭，与祖母在一起

与父亲在一起

齐氏家谱。齐礼特·格呼铿额是齐燕铭的祖父，清朝三甲进士、翰林。在国子监的碑上有其名

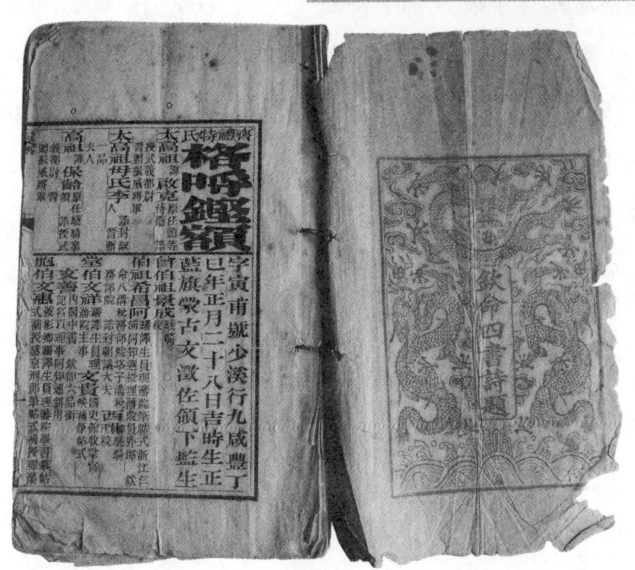

齊禮特氏
格呼鏗額
字寅甫號少溪行九咸豐丁巳年正月二十八日吉時生正藍旗蒙古文徵佐領下監生

欽命四書詩題

主张买房买地置产业，为的是防止后代产生靠祖业过寄生生活的思想。她教育儿孙们要热爱劳动，艰苦奋斗，正直做人。齐燕铭的父亲齐之彪，字景班，又名潜斋。1928年前任北洋政府交通部佥事兼电政司科长，1929年以后任北平电报局秘书。母亲金濬（韵秋）满族，家庭妇女。齐燕铭有两个弟弟、一个妹妹，还有一个叔伯弟弟和一个叔伯妹妹。

齐燕铭是家中的长孙，受到特别的钟爱。从5岁开始识字，直到12岁上中学之前，都是由祖母亲自教他念书。除讲授商务印书馆的课本外，还经常给他讲古代忠臣烈士的故事：诸葛亮、文天祥、史可法，等等。祖母对于通鉴历史掌故特别熟悉，也常给他读诗词。齐燕铭很小就懂得了孟子所说“富贵不能淫，贫贱不能移，威武不能屈”的句子。六七岁时，其父每晚教他学两个篆字，从九岁开始学写旧体诗，十岁左右学刻图章。白天读书，晚上习字，从幼年即养成了良好的学习习惯，从没有一天荒废。在小学阶段，齐燕铭读了许多新旧小说、人物传记和各种儿童读物。祖母规定家中每个孩子可以订一份刊物或报纸，每月给齐燕铭2元钱买书。所以，家里各种书籍十分丰富。祖母不仅奖励读书、学习，也鼓励接受各种新鲜事物。家庭虽非富豪，但能购买自行车、装电话、买照相机、买纸笔颜料，学画、学骑车、学照相、晒相和到戏园子去听戏。总之，齐燕铭的青少年时代是生活在自由、宽松、温暖、友爱、有文化的幸福大家庭里。轻松愉快的家庭生活和祖母的精心教育培养，给他终生都带来了好的影响。

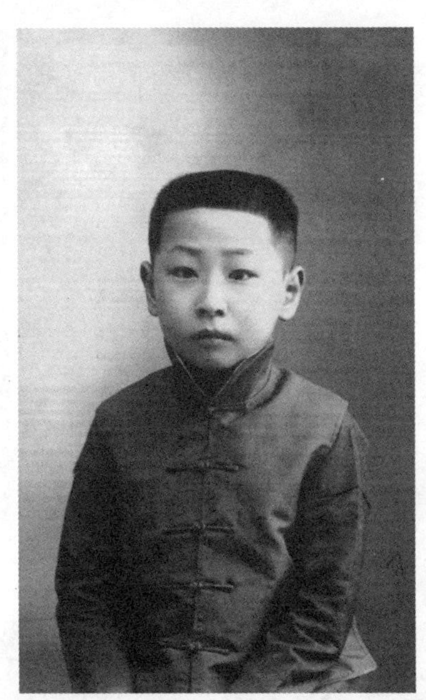

10 岁的齐燕铭

父亲抱着弟弟齐振祎，齐燕铭坐在椅子上

父亲齐之彪（潜斋），字景班，时年31岁

齐之彪的小楷书法

槐簃筆錄

北平齊之彪潛齋甫輯

昔李文敏以諸葛孔明出師表劉伯倫酒德頌
陶淵明歸去來辭李令伯陳情表謂從肺腑中
流出不見斧鑿痕（見冷齋夜話）是猶以文論者蔽
贊祭文所謂從肺腑中流出不加斧鑿者益不
少雖文不求工而自可流傳於天地間也彪生
甫十三日先妣蘇完瓜爾佳宜人即嬰疾見背
萬氏希梅先生（諱鐵齡同治癸酉舉人官戶部郎中）有祭文一篇

齐燕铭（左）与弟弟齐振祎

北京西总布胡同14号。1907年齐燕铭生于此处，西邻为李鸿章的祠堂

齐燕铭青年时期

# 二、活跃的青年时代

1919-1923

齐燕铭小学是在家里学的，自己读许多书，自学的能力很强。但他比较偏重文史类。从中学第二年开始，他就对课外的东西兴趣很浓。他刻图章，写篆字，作旧诗，看小说和杂志，读《小说月报》、《创造季刊》，研究新文学，迷恋沈雁冰、郭沫若、冰心的作品。《晨报副刊》更是齐燕铭最喜欢的读物，从1920年至1926年，每期从不间断，而且都整整齐齐装订成册。其父也十分喜爱购买新书和杂志。如《新青年》、《改造》、《向导》，等等。父子互相传看和交流，都非常感兴趣，思想非常活跃。文化思想问题常常成为家庭谈话的中心。齐燕铭对"五四"以来各种新潮的思想都十分关注，什么德先生、赛先生，各种主义装满了脑子。胡适的《中国哲学史大纲》、梁漱溟的《东西文化及其哲学》等许多书，他也去读。其实是一知半解。同时，北京大学、师范大学许多名人的演讲，年仅十三四岁的齐燕铭也常常去听。他还标点古书，作白话文，学照相，练习演话剧等，整日过着紧张忙碌的生活。这时他认识了一位罗庸先生（北京大学的教授）。在学问方面，罗先生对齐燕铭有很大帮助。另外，

齐燕铭中学时留影

中学好友贺孔才的书法

中学时代的朋友合影（右上为齐燕铭）

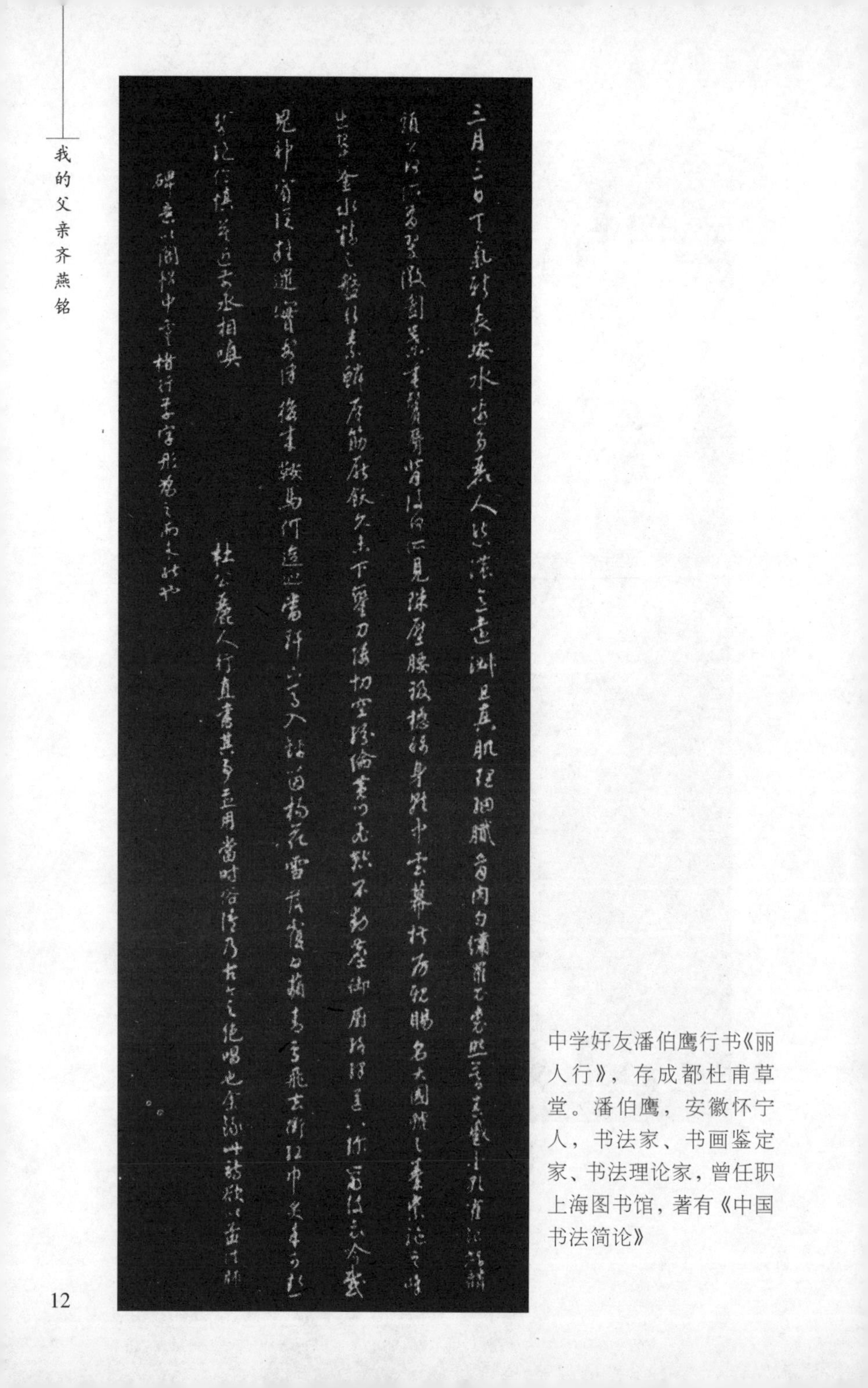

中学好友潘伯鹰行书《丽人行》，存成都杜甫草堂。潘伯鹰，安徽怀宁人，书法家、书画鉴定家、书法理论家，曾任职上海图书馆，著有《中国书法简论》

齐燕铭（右一）与中学时代的朋友们

中学时期还有几位要好的年青朋友，如潘伯鹰、贺孔才、屠仲方。他们常在一起讨论学问，谈论人生，并共同研习书法。中学三年级时还一起参加示威请愿和游行，赶走了一个腐败的老校长，最终取得胜利，拍通电，写传单，感觉非常得意。

总之，中学的生活丰富多彩，没有受过任何压力和遇到什么困难，似乎一帆风顺。但是，到了考大学时却碰了壁。因多年在家自己学习，偏重文科，虽然读了大量课外书，但对数学、物理、外文等比较忽视。大家公认他是家中最聪明又勤奋好学的，而升学竟成了问题。小学、中学都在正规学堂就读的弟弟们都考上了清华、北大、燕京等一流学校，而齐燕铭经过补习数学、英语才考上了私立的大学——中国大学。这对齐燕铭是很大的刺激。进入大学后，他一下变成了埋头用功专心于自己学业的好学生。很快他就成了老师吴承仕的得意门生，一心钻研自己的功课，整天钻在图书馆，对有关的参考书一本也不放过。

# 三、中国大学
# ——走上革命之路的摇篮

1924-1930

## （一）有革命传统的大学

中国大学成立于1912年，是孙中山先生为培养建国人才而

30年代中国大学的校门

30年代中国大学的革命纪念馆

中国大学各系主任办公室

30年代中国大学的半翠堂

创建的，创建之初，由宋教仁、黄兴先后出任校长。中国大学是一所有革命传统的大学。中国共产党成立之前，中国大学就有人参加北平共产主义小组。早在大革命时期（1920年10月），中国大学已经建立了共产党支部，李大钊任书记并领导了有组织的革命活动。此后，中国大学培养了一大批革命者。在五四运动、一二·九运动和以后一系列抗日爱国救亡的革命活动中，中国大学都发挥了重要作用，成为北平学生运动的中坚。它也是革命力量成长的摇篮。在新民主主义革命和社会主义革命时期，中国大学涌现出大批坚定的革命者，如李达、段君毅、崔月犁、杨易辰、任仲夷、杨秀峰、张致祥、吴承仕、黄松龄、张友渔、曹靖华、孙席珍、浦洁修、冯雪峰，等等，他们都出自这所学校。

中国大学国学系教授吴承仕，齐燕铭的良师挚友

## （二）老师、战友——吴承仕

齐燕铭1924年考入中国大学国学系，时年17岁。读了两年预科后转入本科。1926年，齐燕铭结识了吴承仕先生（章太炎的大弟子，经学权威），开始用功地钻研古书，立志以朴学为终身之业；大学二年级时即计划写两本书：《经学史》和《史记集注》，于是便整日与线装书为伴。他的同学张致祥说：“他很用

30年代中国大学的图书馆

功，给我留下的印象很深。他是吴承仕先生的高足。”也就在这一年，齐燕铭与同班同学冯慧德相遇。冯慧德，江苏无锡人，幼年父母双亡，她冲破封建家庭的束缚，只身来到北平上大学。她热情、大方、勤奋好学，与齐燕铭经过长期相处，相互有了深刻的了解，开始恋爱。但他们的恋爱经过四五年，班上同学、老师竟无人察觉。他们在一起读书，讨论问题，分析文章并相互赠诗，相互鼓励，立志将来要成就一番事业。通过探讨人生、探讨学问，他们认定对方就是自己志同道合的终身伴侣。1930年6月大学毕业后，他们结婚了。

1928年，这一年家中发生变故，祖母去世，叔父失业，家庭经济发生困难。齐燕铭便寻找家教的工作，以便贴补家用。从1929年秋开始，齐燕铭到中学任教，先在市立第一女中，1930年在私立大同中学、1931年又到保定省立第六中学教书，有时

中国大学的同班同学冯慧德，1930年在中国大学毕业

同时教几所学校。这时国难当头，民不聊生，学潮此起彼伏，使齐燕铭受到很大震动。当时保定的革命运动在党的领导下开展得很活跃，使他的思想很受启发。他努力寻找一些马克思主义的翻译著作，希望能解答现实生活中遇到的种种问题，同时他也受到革命形势的推动和鼓舞。

1933年暑假他从保定回到北平之后，经常与吴承仕老师交谈时局问题，把自己在保定的感受告诉老师。鉴于"九·一八"以后的形势，日寇侵略中国，国民党腐败、不抵抗，他认为光搞学问不管政治不行，要学生死读书也不行了。他还向老师介绍、推荐一些自己读过的马克思主义和进步书籍。如：《史的唯物论》、《家族私有财产及国家的起源》、郭沫若的《中国古代社会研究》、胡愈之的《莫斯科印象记》等。吴先生开始阅读这些书，并被书所吸引。吴先生是严肃治学的人，一旦钻进去，发现了真理，使他的思想发生了质的转变，认定只有科学社会主

中国大学国学系第五班毕业纪念（前排右起第二人为吴承仕老师。第二排左起第二人为齐燕铭）

义才能救中国。齐燕铭的心与吴老师想到了一处，这使他们成为忘年交。最终，他们共同走上了革命的道路。他们开始努力用历史唯物主义的观点来治学和研究历史。齐燕铭这时写的《中国通史》和《中国文学史》，就体现了他用新的观点来治学的努力。

同学张致祥

### （三）创办学术刊物

他们共同创办的学术刊物《文

1930年齐燕铭在中国大学毕业

毕业后在中国大学国学系任讲师的齐震（齐燕铭）

中国大学国学系主任吴承仕

中国大学经济学系教授黄松龄

1936年李达在中国大学任教

1930 年中国大学毕业后，齐燕铭与冯慧德在北京欧美同学会结婚

妻子冯慧德，摄于30年代

冯慧德在中国大学读书时

妻子冯慧德，摄于30年代

冯慧德（右二）结婚前与学友合影

齐燕铭在大学任教

史》，于1934年4月问世。创刊号由齐燕铭、孙席珍共同编辑，出版后分别寄赠鲁迅、茅盾、郭沫若、郁达夫等，并请他们写稿。不久，鲁迅就署名唐俟写了《儒术》一文，发表在6月份的第二期上（见鲁迅《且介亭杂文》）。通过来稿，他们结识志同道合的人。张致祥、孙席珍、曹靖华、陈伯达、谭丕模都经常为《文史》写稿，后来都成为朋友、同志。这时，每当学运军警就关城门，清华因在城外，学生进城常常受阻，使中国大学自然成为当时的学运中心。齐燕铭与吴老师、张致祥他们商量，要把进步学生吸引到中国大学来。他们采用的办法首先是出好大学招考的试题，通过作文了解学生的政治思想，思想好的给以高分，使他们容易

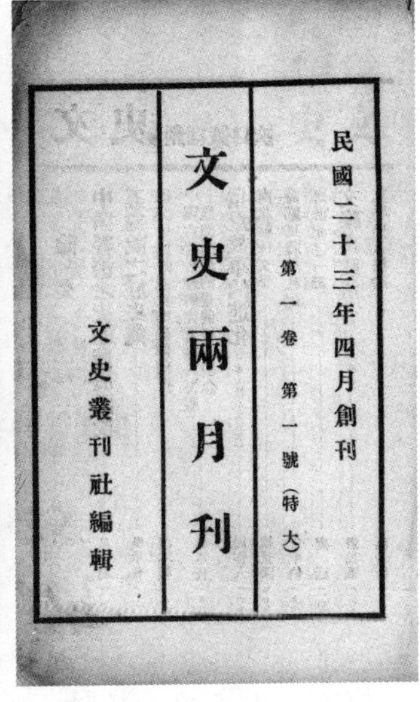


《文史》杂志为双月刊，中国大学国学系的系刊，于1934年4月创刊，齐燕铭负责编辑，也参加写稿。

被录取。因全校入学考生的国文考卷都由他们几人判卷，他们轻而易举地达到了目的。此后他们每周都在一起讨论时局问题和救亡运动，不仅在中国大学也在文教界开展工作，与社会取得广泛联系。除在中国大学、中法大学、民国大学和东北大学教书外，齐燕铭的社会活动也非常多，带学生外出开会，向他们并通过他们对社会开展宣传活动。1979 年 3 月张致祥同志回忆说："《文史》、《盍旦》杂志的出版，从设计封面到跑印刷厂，以及找书摊代销刊物等事务工作，都是燕铭一个人干的。"

"一二·九"运动时，齐燕铭和吴承仕老师都一起站到青年的行列中，投入伟大的革命潮流。这一时期，他从学习革命理论进而参加革命行动。可以说，中国大学是齐燕铭走上革命道路的摇篮。同时，他在这几年里，熟读了经史子集和许多历史与文学的经典著作，在文化知识方面打下了坚实的基础，为以后做好革命工作熟练地掌握了工具和武器。他深深热爱自己的母校，以后也经常怀念她。

# 四、投身抗日救亡运动

1931-1937

## （一）抗日救亡运动

从童年开始，齐燕铭已经耳闻官场的腐败，所以中学时代

1937年齐燕铭借游园之名带领学生在公园进行抗日救亡宣传活动。后排右起第一人为齐燕铭。第四人葛林、第五人张枬（张瑞芳的姐姐），二人后都任职中国社会科学院

他就立志决不做官，而选择了教书为自己的终身职业。但到中学教书后，他才发现，学校也并非一块与世隔绝的净土，教育界远不如想象中的那样干净清廉。那时的教育往往是欺骗青年，不少的教员根本就是混饭吃。齐燕铭思想里产生了许多疑问。同时，齐燕铭受到革命形势的影响，引起他深入的思考。回到北平后，他经常与早已成为莫逆之交的吴承仕老师促膝长谈，表示今后要多关心社会问题、研究社会问题。此后，他们几位，包括吴承仕、张致祥、孙席珍、曹靖华、陈伯达，每周总要有两三个晚上长谈，讨论时局，研究办刊物和社会活动计划等。他们办的《文史》（文史哲类理论刊物）由于内容进步，引起国民党书报检查机关的注意，出了四期即被迫停刊。于是他们考虑把以学术为主要内容的刊物，改为紧密联系时局、以杂文为主

齐之彪领着孙女（齐燕铭的大女儿）齐翔延在自己家的院子里（西城太仆寺街）

1934年，冯慧德带着三个女儿在自家院子里（西城南安里）

1934年，齐燕铭夫妇与三个女儿在家中

齐燕铭与小弟齐振铎和大女儿齐翔延
(1933年，北平家中)

齐之彪和孙女齐翔延在家里

齐燕铭的父亲、弟弟、妹妹和大女儿齐翔延。此时齐燕铭已经奔赴抗日前方

的刊物。这以后，由吴老师出资，又创办了《盍旦》月刊。“盍旦”一词出自《札记坊记》，是“夜鸣求旦之鸟”，反映了他们当时的心情。该刊高举抗日救亡旗帜，发表短篇政论性杂文，针砭时弊，评论国是，十分尖锐。由齐燕铭和张致祥主编，每期印1600～2000份，影响很大。刊物中的一些文章触到了国民党反动派的痛处，一年后被迫停刊。

## （二）党的特别小组

1935年，齐燕铭、张致祥、孙席珍和吴承仕他们曾经正式向陈伯达提出要求参加中国共产党。经过组织（中共北方局宣传部部长李大章）批准，包括吴老师、齐燕铭、张致祥、孙席珍、曹靖华在内，几位高级知识分子组成党的特别小组，直接由陈伯达负责与中共北方局发生联系。他们可以阅读《红旗》等党内文件。此后，他们的活动更加积极频繁。为系里聘请进步教师，开设哲学、俄罗斯文学等课程。配合中国大学学生运动驱逐亲日派校长和教务长。他们针对何其巩想当校长，同他谈判，要求他保证不镇压学运，给学运以合法地位和活动条件。此后经过多方努力交涉，逐步使中大的学生运动得到校方特别的宽容和照顾，给予救亡运动很大的方便。后来学联和民先队部就设在中大，中大遂成为学运的中心。齐燕铭他们除办刊物、写文章外，又参加左翼文化运动、文化界救亡运动、北平文化劳动者协会，努力扩大在文化教育界的影响。《盍旦》被迫停刊之后，为了扩大影响，他们与中大教授黄松龄、张友渔合作办《时

1937年齐燕铭奔赴抗日前线之前全家合影

代文化》（中型政治思想文化综合刊物）。出了五期后，为了扩大范围，又将《时代文化》更名为《文化动向》，作为平津文化界的中心刊物。同时，党组织通过陈伯达提出“新启蒙运动”的口号，由张申府等发起成立“启蒙学会”。这些活动齐燕铭都积极参加。11月22日，齐燕铭、孙席珍、曹靖华、张致祥等89人在《北平作家协会成立宣言》上签名，要求作家们联合起来，为“争取作家的切身利益的保障，言论出版的自由”，争民主，争自由。“七·七事变”以后，形势日趋紧张，北平民众团体组织华北各界救国会，组织救护队、交通队，还分发各种各样的宣传品，出版《情报》等，通过多种多样的活动，特别小组的同志们全身心地投入到抗日救亡运动中去。

# 五、奔赴抗日前线

1937-1940

## （一）离家走向抗日前线

“七·七事变”以后时局日益恶化，齐燕铭经常外出，参加各种活动，有时很晚才回家。7月底宋哲元退出北平后，日伪开始到处捕人，党组织要求特别小组的人撤离北平。齐燕铭面临着艰难的抉择：形势需要他离家奔赴抗日斗争前线，可是家中有年迈的父母需要赡养照料，还有年幼的四个儿女和即将临产的妻子；家中既无积蓄，也没有多余的财产，生活一直靠齐燕铭的工薪维持。齐燕铭一走，家里人的生活怎么办？这些是他不能不考虑的。这时夫人冯慧德深明大义，要齐燕铭不必担心家事，立即下决心随特别小组的同志离开北平，并亲自为他买了火车票，匆匆送他上车。她独自挑起家庭的重担，在日寇占领下的北平艰苦度日。那时敌人经常闯入民宅搜查、抓人。她经常帮助小叔子齐振铎（清华大学民先队市民大队的负责人）收藏宣传品、文件，机智勇敢地应付鬼子，从不畏惧，因为她的心始终与齐燕铭在一起、与人民在一起。

齐燕铭走后，虽然时时惦念着家里，但为了避免给家人带来麻烦，一直不敢写信。这年初冬时节，忽然来了一封无头信，信上写着：“天渐冷，幼雏能为乃母暖足乎？”夫人立刻从笔迹

革命烈士，齐燕铭的小弟弟齐振铎，清华大学地学系学生，民先北京市市民大队长，1940年7月20日在遵化娘子庄战斗中牺牲。时年24岁

认出了是齐燕铭的来信。北平冬季天寒地冻，齐燕铭在家时夜夜为她焐脚。此时虽然天各一方，齐燕铭何尝不记挂着妻子和孩子们的冷暖与安危。

## （二）政训班和鲁西北抗日根据地

1937年8月，齐燕铭从北平到了天津，本来准备留津办报，后决定去济南。平津沦陷以后，大批教师和学生流亡到济南，其中大学教授有张友渔、黄松龄、于毅夫等人，都是齐燕铭在北平的熟人。张友渔是地下党员（先任中共华北联络局成员，后任中共山东联络局书记），他通过关系活动韩复榘收容这批学生，共约两千多人。山东省是韩复榘的势力范围。他虽反动而又昏聩，但他知道这批进步学生是有活动能力的，害怕不收留会带来麻烦，所以临时为他们提供食宿。国民党军队中历来有政训工作制。韩复榘为阻止中央军打入自己的地盘，起用了西北军的旧人余心清（张友渔、齐燕铭都住在他家），成立了政训处。韩自任主任，余任副主任，招收了大批平津学生（正式名称为第三集团军政训工作人员训练班），对他们进行政治训练与军事训练。1937年9月开始办班，黄松龄任

1937年，吴承仕同志在天津

1938年10月，吴承仕（化名汪少白）自天津给战斗在山东聊城抗日前线的齐燕铭（化名田在东）的信

聊城古楼西大街专署门外的影壁。1938 年春齐燕铭在院内举行入党宣誓

教务长。政治训练由这批教授讲大课，张友渔讲国际形势，陈北鸥讲抗战文化宣传，张郁光讲民众组织，齐燕铭也参加讲大课。此后黄松龄去武汉，齐燕铭接替他任教务长。学员的分配由赵伊坪（中共党员）提名，由齐燕铭安排。这年 11 月，分配了 240 名毕业学员给第六专区范筑先部。这批学员中大部分是党员和民先队员。以后又从延安抗大和陕北公学毕业生中分去了几十人。这两批人中许多都成为后来创建鲁西北抗日根据地的骨干。1938 年 1 月政训班宣布解散。下旬，韩复渠伏法。齐燕铭将剩余学生送往徐州后，即赴鲁西北，张友渔以中共豫鲁联络局书记身份介绍齐燕铭到鲁西北根据地工作。这时，他从抗日前线给夫人写过一封信："我出生以来到现在，一切都是幸

运的。有慈爱教育我的祖母和父亲，有给我学问上最大指导的师友，有肯为我牺牲一切的爱妻，因为我得到人生最大的滋养，所以我也应该在人生上努力，现在是求仁得仁，虽死无怨。”表明他视死如归的决心。

1938年3月齐燕铭在聊城任范筑先将军秘书

在政训班工作时，齐燕铭曾向赵伊坪（后到鲁西北工作，聊城事变后，于1939年牺牲）谈过自己离开北平时未转组织关系，赵伊坪允许齐燕铭以党员身份参加联络局工作，但因无上级批准，只与赵单线联系。政训班结束后，齐燕铭与赵伊坪一起到了开封，找到了中共豫鲁联络局副书记刘贯一后，才将组织关系明确，确认从1938年2月起作为中共预备党员。5月，冀鲁豫区党委批准齐燕铭为中共正式党员。

党组织决定以聊城为中心开辟鲁西北敌后抗日根据地。范筑先在此任专员。他原是西北军的，虽是旧军人，但居官清廉，生活俭朴，且有强烈的爱国爱民思想，作战勇敢，决心守土卫国。他下边的工作人员中，也有许多进步分子。在此创建根据地，条件是比较好的。齐燕铭就任范筑先司令的秘书，主要任务是帮助范筑先坚持抗日，逐步将鲁西北的旧政权改变为适应抗战的新政权。为加强对范筑先的统战工作，齐燕铭给他讲解党的方针政策，帮助他解决部队间的矛盾并整顿旧军队。1938年10月后，中共山东省委也迁到聊城。此后范筑先更加靠近党，并表示坚决抗战，希望与八路军取得联系。这时省委的张霖之同志（建国后任煤炭部部长）即向他亮明了身份，表示党对他的坚决支持。张霖之也在政训处担任了组织部长的职务。党组织借助这种大好形势，先后创办了两个教育机关，一个是政治干部学校，由范筑先任校长，张郁光任副校长，齐燕铭任教务长，学校先后毕业千余人；另一个是军事教育团，培养抗战所需要的人才。齐燕铭在鲁西北政治干部学校筹办出版了《抗战日报》，随后又办了印刷厂和出版社——抗日文化供应社，出版印刷了二十多种进步的小册子。9月份收到延安传来毛泽东的《论持久战》之后，曾立即大量翻印，有力地宣传了中国共产党关于持久战的思想，提高了群众对于取得抗战胜利的信心，造成广泛影响。齐燕铭与张郁光给范筑先分段讲述《论持久战》，使他受到极大鼓舞。1938年夏，鲁西北抗日根据地初步建立，一二九师副师长徐向前同志，曾两次会见范筑先，对他创建抗日根据地给予很高的评价。

1938年10月10日。齐燕铭在《战地文化》第三期上发表《抗战中的党派问题》一文，宣传党的抗日民族统一战线思想，指出必须“团结一致去进行神圣的反日战争，中国的抗战还要在更艰苦的途径中与敌人作长期的搏斗”。

1938年11月14日，日寇进攻聊城。范筑先司令率部与敌血战竟日。敌机轰炸扫射，坦克大炮猛攻，终因寡不敌众，聊城于15日失陷。范筑先和共产党员张郁光、姚第鸿以及700多

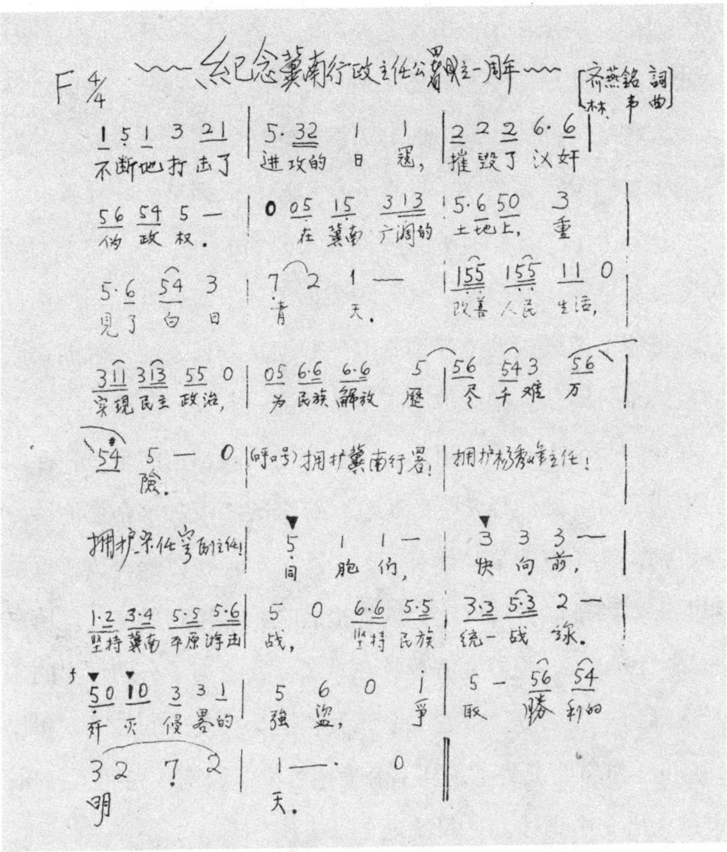

1939年8月，迎接冀南行署成立一周年时，齐燕铭与林韦同志创作的歌曲

名守城将士壮烈殉国。对于这一切，齐燕铭始终不能忘怀。1977年2月，他借聊城光岳楼重修之时，赋诗撰文，以志纪念（齐燕铭的诗文登在1988年11月23日《聊城日报》上）。

1939年1月，齐燕铭调任冀南行政主任公署参议，同时加入冀南抗战文化协会。后者是一个群众组织，党派齐燕铭去负责推动工作。同年3月，日寇加紧扫荡，党组织为加强平汉路西的力量，决定在太行山设立办事处，齐燕铭被任命为太行办事处主任。此后他主要的任务是与鹿仲麟、石友三、张荫梧等人经常联络，开展统战方面的工作。这年冀南大水成灾，各界组织了冀南救灾委员会，推举齐燕铭等六人到重庆呼吁救灾。

1938年，为了生计，齐燕铭夫人把刚生下十个月的小女翔英留在北平托弟妹照顾，带着四个孩子到上海去就业。她在自己的母校上海爱国女中任训育主任兼国文教员。这一时期她们的生活十分清苦，她微薄的工资要养活一家人，还要寄回北平一部分。两个大女儿上附小，两个小的只能锁在宿舍里，课间回来看一看。她们经常吃的是食堂打来的米饭加水在煤油炉上煮成粥，就一点咸菜和炸黄豆。一次过年，她在粥里放了点菜和肉末，孩子们觉得好吃，就都抢着吃，等轮到母亲，已所剩无几。1940年，她得知齐燕铭在重庆，就变卖了一切可卖的东西，筹到一点路费，带着四个儿女和侄子（大哥的长子，年仅15岁），匆匆地上路了。从上海途经香港、越南、昆明、贵州，走过大半个中国才到达目的地——重庆。

### （三）从重庆到延安

那时日本侵略者天天轰炸重庆，有时一天要跑三次警报。她得空就要出去寻找齐燕铭的踪迹。这一天，一个用大礼帽盖着脸，戴一付黑眼镜的人来到了她们的住处，让孩子们感到有点害怕。可摘去帽子、眼镜，却原来是永远带着慈祥微笑的父亲。在这最艰难的时刻父亲出现在他们面前，大家都喜出望外，

1939年，妻子冯慧德准备带孩子们到大后方重庆寻夫，离开上海前合影

齐燕铭的妻兄冯尚彬。冯慧德自幼父母双亡，得其兄多年抚养照顾。她从上海赴延安，带着侄儿（兄长的儿子）冯西。右图是冯慧德带去延安的冯西，建国后在白求恩国际和平医院工作。

他们已经三年没有见过父亲了。多么渴望全家团圆啊！1940年7月6日，正是这一天，他们全家在重庆团圆了。之后，经组织同意，一同奔赴西安。

一家人刚刚团聚不久，齐燕铭又要上太行抗日前线去工作了，母亲要带孩子们去延安。这一别不知何时才能再见面，他们都舍不得分开。临别前全家合影留念。齐燕铭把他们交给西安八路军办事处后，便上路了。他的夫人和孩子们在办事处等待去延安的汽车。几天后，齐燕铭又回来了，由于国民党封锁过不了黄河，他只得返回西安。组织决定让他先去延安，然后再从陕西过黄河，于是一家人又聚在一起了。真没想到是国民党又让他们团圆了。

1940年10月，齐燕铭送妻子、子女到西安八路军办事处后，准备上太行山回部队，行前合影

从西安到延安，一路上有国民党许多哨卡，特务林立，不时刁难，稍有不慎就扣人扣车。所以，临行前孩子们进行了训练，对父亲只能称呼“叔叔”，若问他的名字只回答“不知道”。路上汽车果然被扣，天黑了还不让开走，幸好有一辆八路军总部首长的小车从此路过，经过长时间交涉才放行。等他们到达陕甘宁边区境内时已是深夜，但大家下车互相拉手、拥抱，欢呼雀跃，真是高兴极了。他们到了解放区，一切都自由了，父亲母亲抱着孩子们流下了激动的泪水。再上车继续前行，不久，就到了延安的南门，远处望见的是延安的宝塔山。

# 六、革命圣地延安

1940-1946

## （一）延安岁月

日寇铁蹄践踏了大半个中国，有血性的青年向往着革命圣地延安。齐燕铭一家人到达延安，心情特别愉快。历经千辛万苦总算找到了光明。不必害怕夜半鬼子来敲门，也没有生活的压力。一家人工作、学习都得到了安排。更让齐燕铭高兴的是，这里同志间亲如一家，互相关心帮助，再也不用担心特务宪兵搜查抓人；这里还有许多马克思主义的书籍，可以自由地阅读，与大家讨论。这些都是他梦寐以求的。

1941年，冯慧德与儿女在延安唯一的合影

到延安后，齐燕铭在中央马列学院（后改中央研究院）任研究员，妻子在陕北公学任教员，侄子到延安自然科学院学习，三个女儿在延安保育院上小学、小弟在保育院，大家各得其所，开始了新的生活。

40年代初，毛主席要范文澜同志为老干部阅读组织编写一套《中国国文选》，齐燕铭初到延安即参加了这项工作。他与范文澜、金灿然、叶蠖生同志一起，很好地完成了这一任务。1942年出版时，毛主席亲自为这部书写了序言。此后，齐燕铭担任中央党校教务处文教科科长期间，继续为来延安的大批工农干部学习文化，做了许多工作；先后与黄火青、刘芝明、姚仲明、彭真、江帆、胡乔木等同志商谈编写教材、培养训练文化教员等各种事项。

这期间，他还给鲁艺、陕北公学等学校讲授中国文学史等课程，也在延安《解放日报》上发表文章。1941年3月8日，他与延安文化界的著名人士吴玉章、徐特立、林伯渠、范文澜、周扬、丁玲等联名发电慰问重庆的戏剧家洪深，“惊闻不幸消息，深为遗憾。抗战三年余，不独日寇未退，反而亲日派、投降派的活动日益嚣张。思想自由剥夺殆尽，先生愤不欲生，凡我士林，莫不同声感喟。延渝遥隔，不能亲往存候，聊遽金五百，以寄同情。唯望早日康复，继续为新文化事业奋斗。夫人令媛亦希摄护，此祝健康”。1941年5月29日，齐燕铭写了《怀屈原》。5月31日，他在纪念屈原的座谈会上讲述屈原的作品及生平事迹。1942年6月28日，他又写了《论屈原思想——对郭沫若先生“屈原思想”的若干补充》一文，宣扬了屈原的爱国主义思

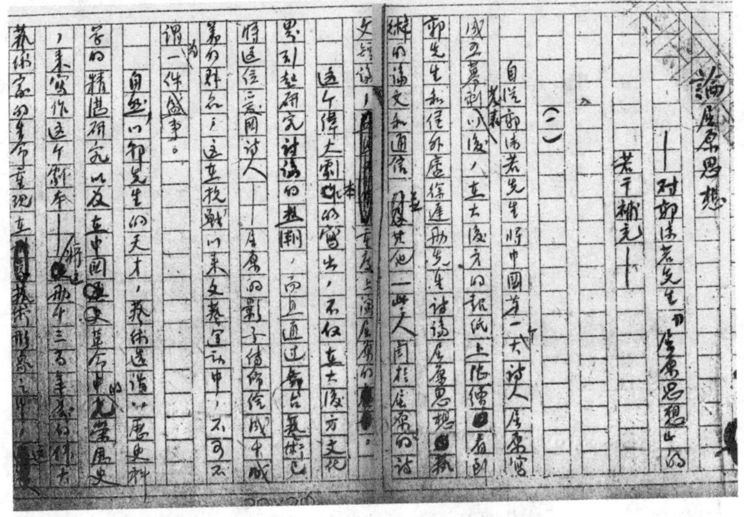

齐燕铭1942年6月28日发表的文章《论屈原思想——对郭沫若先生“屈原思想”的若干补充》手稿

想，并以古讽今，揭露了国民党顽固派对日妥协投降的丑恶嘴脸。他积极参加延安的这些活动，为能伸张自己而感到欣慰。

1943年，国民党掀起第三次反共高潮，蒋介石出版《中国之命运》，鼓吹法西斯主义，反对共产党，仇视解放区，暗示要在两年内消灭共产党八路军。毛主席笑着对延安的几位“秀才”说：“蒋介石给你们出题目了，叫你们做文章呢！”7月21日《解放日报》发表陈伯达的《评〈中国之命运〉》，8月1日发表范文澜的《谁革命？革谁的命？》；8月9日发表齐燕铭的《驳蒋介石的文化观》；8月11日发表艾思奇的《〈中国之命运〉——极端唯心论的愚民哲学》。这四篇文章曾结成一集，广为印行。

1943年10月，周恩来同齐燕铭就文艺运动问题进行交谈。此后，齐燕铭逐渐熟悉周恩来，与周恩来结下不解之缘，从相知相随到无上崇敬爱戴，视为永远的榜样、楷模，齐燕铭认为这是自己终生的幸福。

延安的生活虽然艰苦，但充满欢乐。大生产运动中，人人参加种地、纺棉花、烧炭等各种劳动，连保育院小学的孩子们也参加劳动。开荒、种地，最小的同学则参加摘豆角、收玉米、给菜地拔草。当享受自己劳动成果时感觉分外香甜。齐燕铭教育子女要不怕吃苦，积极参加劳动，向陕北同学学习热爱劳动的品质和劳动的技能。齐燕铭非常能干，动手能力特别强，学什么都特别快。妻子给孩子做鞋不会纳鞋底，他用毛笔在鞋底上点上小点，再做时就容易多了。

工作之余，齐燕铭夫妇还在窑洞前种菜，如西红柿、豆角和韭菜等。星期天或暑假，孩子们从学校回来时，偶然在家做顿饭，既改善生活又增加不少乐趣。有时木炭火盆上煮着红枣，孩子们围着齐燕铭让他讲故事。他为老干部们编写的语文教材，常常先给小孩讲，看他们懂不懂、喜欢不喜欢，子女们也就近水楼台先得月了。

有一年，妻子为了避免生孩子影响工作，而将子宫切除了。长女翔延因患疟疾而住进中央医院。这样，齐燕铭要跑十多里路到医院去看望女儿，又要照顾家中的妻子，十分辛苦，可是他丝毫也没有影响工作。他有非常旺盛的精力，而且十分乐观能干，他在家里做的西红柿鸡蛋煮挂面和焖扁豆都特别好吃。虽然条件简陋，但生活充满情趣。一次孩子们放假，就在延河滩上玩，在路边看见两个牛蹄子，带着毛和血。三姐妹觉得好玩，就提回了家。母亲说：这么脏的东西怎么拿回来？！快扔出去！父亲说：我看看。然后就找来一把刀，把牛蹄子下边黑的硬壳刮掉，又用烫水把毛煺掉，做成了一大锅香喷喷的牛蹄筋汤。全家还请叶蠖生伯伯一起来会餐，好不热闹！好像从未喝过那样鲜美的汤。

### （二）《逼上梁山》与《三打祝家庄》

### ——京剧改革的先河

1943年延安文艺座谈会之后，许多在延安的知识分子都努力使自己的笔成为“团结人民，教育人民，打击敌人，消灭敌人”的有力武器。

齐燕铭从小爱看京剧，可以算是个小戏迷。在家舞枪弄棒，起霸，又唱又表演。直到有了孩子们，他仍一如既往，不同的只是多了几个“观众”，他要到精彩处，孩子们都为他鼓掌喝彩。他们家的门后边，总放着一根专属他的棍棒，向来如此。到延安后，他立志要做新人，认为看京剧是有闲阶级的享乐，应该丢弃掉。他甚至羞于谈起过去爱好京戏的事。延安文艺座谈会使他打开了眼界，认识到，各种文艺形式都可以加以改造，使之娱乐群众，团结人民，打击敌人。这让他开动脑筋，渴望用自己的知识和技艺为改革京剧出点力。当时中央党校有俱乐部，还有一个业余京剧爱好者的组织——大众艺术研究所。参加活动的成员除少数文化工作者外，大多是军队干部、地方干部、警卫战士、工勤人员。虽然多数人对京剧的演唱技巧并不熟悉，但大家热情很高。延安每年春节都要扭秧歌，排节目，进行拥军爱民的慰问演出。每个单位都会参加，中央党校也不例外。杨绍萱同志这时根据《水浒传》中林冲的故事编了一个剧本《逼上梁山》，同志们认为基础不错，可以修改后排演。齐燕铭对文学史、戏剧史有所研究，执笔改编的任务自然就落在了他的头上。

旧京剧舞台上的林冲，更多是注重武功、身段美的表演和动听的唱腔。对这个人物没有阶级分析也没有深入发掘他思想转变的过程。中央党校经过整风学习，大家提高了认识，对《逼上梁山》剧本展开热烈的讨论，甚至激烈的争论。齐燕铭开始明确，林冲这样一个统治阶级中的下级军官，他为统治阶级服务，与统治阶级利益有一致的一面，又有矛盾的一面；有正义感和同情人民群众的一面，又有对统治阶级心存幻想、对自己的社会地位有依恋的一面。这样的人物要背叛统治阶级，参加到革命队伍中来，与劳苦大众站在一起，必须经过阶级立场的根本转变。正因为受到了反动统治阶级的迫害——“逼”，在现实斗争的教育和人民群众的启发、帮助下，他才能打破对统治阶级的幻想，从统治阶级阵营中分化出来，成为革命队伍里的中坚力量。从理论上对林冲等主要人物的定位明确，对他们之间的关系分析透彻了，剧本的改编就比较顺利了。又经过反复多次的修改，剧本的主题思想明确，写出了统治阶级的腐朽没落，突出了主要角色的性格和思想转变的过程，特别是改变了旧戏舞台上群众只是奴才、群氓的形象。同时，对京剧艺术形式也做了大胆的改革。这时的剧本虽然仍不太成熟，唱词和武功的设计都还不够完美，但是为了争取时间，赶上春节演出，齐燕铭立即着手边导边改。他的工作很紧张，对有的演员要介绍剧情、讲解时代背景，说明人物的性格特点；对另一些演员还要在说戏的过程中教动作，教唱腔。

自从1943年春节前齐燕铭参加京剧《逼上梁山》的编导工作以后，他的子女们就整天泡在中央党校大礼堂或是延安平剧院，以后剧组到哪里演出，他们就跟到哪里，看排戏、看齐燕铭如何教戏。有时一句句地教扮演林冲的金紫光同志唱。金紫光是学西洋乐、拉小提琴的，唱京剧不大习惯，但是他非常努力，很下功夫，一句唱腔反复唱许多遍，有时还到家里来请教。到后来正式演出时，他的表演已经很出彩，很能打动人了，得到大家普遍的赞誉。

齐燕铭那一段时间的日记中，每天写的都是如何改编剧本、如何排戏的事。他不仅自己全力以赴，而且善于发动群众，团结大家，共同进行研究、讨论，提出修改的意见和建议。每个演职人员，对于增加什么剧情、改动哪句台词、或是使用什么道具，都积极提出自己的想法。虽然齐燕铭缺乏京剧创作与排演的经验，大多数演员也没有戏曲方面的专业修养，但是有了大家的积极性与刻苦精神，弥补了延安种种的困难条件。在短短四十天的时间里，一出大戏就搬上了舞台，而且演出效果非常好，得到群众一致的好评。观众十分踊跃，连演40多场。有时演员偶然有事缺席，齐燕铭化上妆也可以救场顶替不同的角色。让许多人没有想到的是，平时衣冠楚楚、文质彬彬的齐燕铭还会唱京戏，还能搞出个《逼上梁山》来！

就在1944年1月9日，彩排过后，只演了十来场，剧本还不成熟，随时都还在修改，党校教务处突然通知说：毛主席要来看演出，并且要求先将剧本送去。大家兴奋极了，立即投入紧张的准备。可是剧本是边演边改的，没有一个完整的本子，于是决定由五位同志分头将旧本子按当时演出的样子修改好，再用毛笔誊清，然后呈送毛主席。演出当晚主席从始至终认真把戏看完。次日清晨，警卫员送来了主席的亲笔信。信封上写“送中央党校俱乐部”，中间写着杨绍萱和齐燕铭的名字。毛主席高度评价了《逼上梁山》，指出这是“旧剧革命的划时期的开端”，“从此旧剧开了新生面”。这封信对戏剧革命有着深远意义，使绍萱、燕铭同志：

看了你们的戏，你们做了很好的工作，我向你们致谢，并请代向演员同志们致谢！歷史是人民創造的，但在舊戲舞台上（在一切離開人民的舊文學舊藝術上）人民却成了渣滓，由老爷太太少爷小姐们统治着舞台，这種歷史的顛倒，现在由你们再顛倒过来，恢复了

毛主席1944年1月9日看《逼上梁山》的演出后，写给杨绍萱、齐燕铭的信

复了历史的面目，从此旧剧开了新生面，所以值得庆贺。郭沫若在历史话剧方面做了很好的工作，你们则在旧剧方面做了此种工作。你们这个开端将是旧剧革命的划时期的开端，我想到这一点就十分高兴，希望你们多编多演，蔚成风气，推向全国去！

敬礼！

毛泽东 一月九日夜

大家增强了进一步搞好京剧改革的信心。周扬以后也把齐燕铭称为京剧革命“勇敢的先驱”，文化战线“尊敬的老战友”。

1944年1月8日，延安《解放日报》发表了艾思奇同志（笔名基崇）的《逼上梁山》一文。盛赞此剧利用旧京剧原型演历史故事，肯定这种戏剧改革的成就。同年，齐燕铭写了《评平剧表演形式的推陈出新》一文。对此次戏剧的成功改革，进行了认真的总结。

为了响应毛主席“多编多演，蔚成风气”的号召，继《逼上梁山》之后，在延安又编演了《三打祝家庄》。这时已到1945年，抗日战争接近尾声，面临着发起全面反攻，彻底打败日本侵略者，解放沦陷区人民的任务。在这迎接重大转变的关键时刻，1945年4月党召开了全国第七次代表大会，为迎接最后的胜利做准备，为转入全面反攻创造条件。会议提出，全党都需要认清新的形势，积极开展瓦解敌伪军，组织地下力量，里应外合，配合反攻。人民军队已经解放了县以上的城市150多个，迫切需要对广大干部进行政策与策略教育。正是在这种形势下，决定编写《三打祝家庄》。这时延安平剧院划归中央党校领导，京剧力量的阵容加强了，在当时中央党校教务处主任兼延安平剧研究院院长刘芝明的主持下，组成了《三打祝家庄》的创作组，成员为刘芝明、齐燕铭、任桂林、魏晨旭、李纶。从1944年7月开始准备，至1945年2月春节时正式演出。这期间齐燕铭的日记上，尽是任桂林、魏晨旭、李纶来讨论《三打祝家庄》的主题思想等的事情。他负责执笔，将剧本修改了一稿。这件事几乎就是他当时最主要的工作。

齐燕铭仔细查阅了有关北宋末年社会情况的史料。他也十分重视历史剧与当前的革命斗争形势相联系。为了使剧本改得更好，刘芝明以中央党校教务处的名义，召开了十几次大型座谈会，还专门邀请准备参加党的第七次代表大会的代表们，他们都具有革命战争或地下工作的丰富经验和专门知识，前来给创作组当老师。陈赓、郭化若、刘宁一、刘慎云等同志都多次参加他们的座谈会和创作组工作会议（这种会每周开三五次）。彭真同志也专门写长信对创作组给予帮助、教育。毛主席也作了口头指示，要他们处理好梁山主力军、地下军和祝家庄群众的关系。与此同时，在剧本的排练和演出过程中，充分走群众路线，发挥导演、演员、音乐工作者、舞台工作者、行政工作者，包括炊事员、勤务员以至每个同志的积极性。对剧情、词句不断修改。导演王一达、魏静生，演员张一然、阿甲、赵奎英、肖甲、张梦庚和炊事员邸奎元等同志都对修改出谋献策，为《三打祝家庄》的演出成功做出了贡献。最后，刘芝明决定他与齐燕铭不署名，把功绩记在三位执笔者名下。这表现了刘芝明同志的高贵品质，也是那个时代的作风——延安精神的反映。

《三打祝家庄》也是取材《水浒》故事。它特别好在与当时的革命形势紧密结合。故事中的梁山英雄们依靠群众，调查研究，利用敌人内部矛盾，争取多数，孤立少数最顽固、最反动的敌人，进而打入敌人内部，里应外合取得最后胜利。当时迎接新的革命形势，这些策略思想正是广大干部迫切需要学习和

1945年中国共产党第七次全国代表大会会场
（会标为齐燕铭所书写，至今仍挂在延安杨家岭中央大礼堂）

掌握的。所以，这个戏在延安以至各解放区的影响特别大。延安的许多人都多次看过演出，有的人甚至看过十多次。据说，连毛主席都看过好几次，并给演创人员写信道："看了你们的戏，觉得很好，很有教育意义。继《逼上梁山》之后，此剧创造成功，巩固了平剧革命的道路。"

应该说，40年代延安的《逼上梁山》和《三打祝家庄》，是开京剧改革的先河。这两个戏虽然在艺术方面尚有不成熟的地方，还不曾经过千锤百炼，但在思想性方面比旧京剧有所提高；利用旧的历史故事、传统的剧目，添进新的内容、新的思想，使带有浓厚封建色彩的艺术，变为可以发挥进步教育作用的新生的戏剧。它揭露反动统治的残暴腐朽，彰显了革命群众中诸多的英雄人物。过去旧京剧舞台上的群众，不是奴才，就是群氓，歪曲了人民群众的形象。《逼上梁山》舞台上的人民群众，是创造历史的主人，恢复了他们的本来面貌，使颠倒了的历史重新颠倒回来。在脸谱等纯技术方面，《逼上梁山》也有许多改进。在旧京戏里，被压迫群众往往被画成丑角、鼻子上抹块白的小花脸。而《逼上梁山》则反过来，把统治阶级的人物都扮成丑角，而劳动群众，如店家李小二，则化装成为英俊秀气的青年。可以说，《逼上梁山》和《三打祝家庄》是对旧戏曲革命的成功尝试。

1944年11月30日，齐燕铭因为优异的工作成绩，特别是对京剧革命方面的积极努力，被评为中共中央党校“全校甲等模范工作者”。12月，经中直机关群英代表大会评定为“中直甲等模范工作者”。1945年1月13日，他又被陕甘宁边区群英大会评为文艺界甲等奖获得者。当时发给他的几张大奖状至今还珍藏在家里。这些不只是他个人的成绩，也是延安京剧改革的见证。延安才是京剧革命真正的发祥地。“文革”中江青把自己打扮成戏曲革命的“旗手”，不过是歪曲历史，贪天之功据为己有。他们以为，只要夺了上层建筑的权，历史就可以由他们随心所欲地改写了。这完全是做梦！正如刘少奇同志所说：“好在历史是由人民群众写的”，这是颠扑不破的真理！

文革期间，毛泽东同志1944年1月9日写给杨绍萱、齐燕铭的信被篡改了。1982年5月23日《人民日报》重新发表了这封信，被“四人帮”删掉的话重新刊出，恢复了它的本来面目，

1944年11月30日，齐燕铭被评为中共中央党校全校甲等模范工作者

1944年12月，齐燕铭经中直群英代表大会评为中直甲等模范工作者

并且被收入《毛泽东书信选集》。虽然这些情况齐燕铭没能看到，但他是坚信这一天一定会到来的。

## （三）延安整风审干

1943年，延安搞整风审干运动，到处抓特务，连延安保育院小学也不例外。有些做法今天看来很可笑，但当时却无人敢笑。学校的老师绝大多数是大后方来的20岁左右的知识青年，却被怀疑成打进边区的特务。小学校的学生也开“坦白大会”、“抢救失足者大会”，让同学们交待自己的“特务问题”。党支部书记齐心问：“谁是特务？站在凳子上！”一下子站上来许多人。齐心问：“你是什么问题？”答：“我爸和我妈打架，……”因为，谁交待了特务问题，就可以吃面条。有的同学已经吃过好几次面条了。吃完第二天又说：“我不是特务。”第三天又坦白交待，再吃一次面条。齐家姐妹三人都没有为了吃面条而乱坦白。齐支书把三妹小慧的头绑在窗台上，要她承认自己是特务，若承认了就给她吃一碗肉，三妹还是不承认。那年她只有10岁。回到家，三人对爸爸说了学校整风审干时的表现。齐燕铭非常严肃地对他们说：任何时候都不能说假话，当特务是政治大问题，更不能乱说。你们做得对。以后永远都要记住。犯那样的错误是不能原谅的，说假话是不能原谅的。要说老实话，做老实人。当时他说的其它许多话姐妹们已经忘记了，但这一点她们始终牢记着。他自己做老实人，也要求孩子们做老实人。在此之前，齐燕铭对党内斗争一无所知。他入党时间短，也未担负重要职务，延安整风审干并未触及他。在他看来，解放区就是自由的天堂，而共产党如亲生母亲一样，对于子女关爱备至。他的单纯幼稚注定他要在以后付出沉重的代价。

1945年7月，周恩来同志亲自找齐燕铭谈话，调他参加解放区人民代表大会筹备委员会，任命他为副秘书长。

齐燕铭在延安的时间虽然只有短短五年，但这是他一生中感到最快乐的时光；同志间坦诚相处，亲如一家；没有生活和精神的压力，工作胜任愉快，有充分的时间可以学习与研究。

1945年8月15日，日本宣布无条件投降。整个延安都沸腾起来了。延安中学的同学和老师们，都敲锣打鼓上了街。鲁艺的人已经在前边扭起秧歌。再往沟外走才看到，满河滩都是欢欣鼓舞的人群。扭啊，扭啊，夜晚点上火把还继续扭、不停地扭。甚至把棉衣里的棉花也扯出来，沾上煤油做成火把，高举着上街。好像一切苦难都结束了，只剩下欢笑和扭秧歌了。有些天真的同学以为，该跟随爸爸妈妈回老家了。几天后，大女

延安美军观察组为齐燕铭的二个女儿与同学李大莉拍摄的合影

儿翔延回了一趟家，就问父亲："是不是要准备回老家了？"而齐燕铭斩钉截铁地说："不是准备回家，而是要准备打仗，准备上前方了。"他耐心给女儿讲了中国面临的形势。于是女儿匆匆返回学校。不久，老师叫她去，部队来招兵的同志同她谈话，问她愿不愿意参军？她立即表示愿意。问：要不要征求家长同意？她说：已经同意了。来人向她一笑，显然有点不相信。但她还是被选上了。自此，不满14岁的她成了一名通讯侦察兵。

# 七、国共和谈
# ——重庆、南京、北平

1945-1949

## （一）重庆谈判

抗日战争胜利结束了，全国人民经过八年抗战，吃尽了战争的苦头，渴望和平，反对内战。但中国面临着两种命运、两种前途的决战。蒋介石的部队多数远离前线，要想抢占地盘，但还未做好准备。为了欺骗人民，摆出要和平的姿态，蒋介石三次致电毛泽东，特邀毛主席到重庆去进行和平谈判。他断定毛泽东不会去，也不敢去。但党中央毛主席做出了英明决策：立即赴重庆与蒋介石进行和谈，同时做好两手准备。通过和谈争

重庆红岩，1945年国共重庆谈判时，中共代表团曾住在此地

取承认中共，使国家进入和平发展新阶段，实现政治改革，有利于人民休养生息；如果和谈失败，也表明我们以大局为重和主张和平建国方针的诚意，团结同盟者，争取政治上的主动。我们的目的，一是配合军事自卫，展开政治攻势，准备在不放弃人民根本利益的条件下，寻求可以接受的妥协方案。另一方面，要揭露国民党的真面目，揭穿说共产党不要和平、要内战的谣言；教育人民认识蒋介石，并且懂得建设和平民主的新中国必须准备付出代价。

1945年8月28日，毛泽东、周恩来、王若飞等党的领导人在张治中和美国大使的陪同下，从延安乘专机飞抵重庆。这本身即让许多人认清了，共产党具有谋求和平的真诚愿望。蒋介石对和谈所抱的态度，是给人民开一张和平民主的空头支票，然后在谈判桌上、在和平统一的名义下，取消解放区和人民的军队，用谈判来达到他在战场上难以达到的目的。

毛主席同意和谈出乎国民党意料，所以蒋介石未准备任何

重庆曾家岩50号——八路军办事处旧址。齐燕铭40年代曾在此住过

谈判方案。9月3日，我方主动提出十一项具体方案，这时蒋介石才指定了国民党的谈判代表，谈判是以我方提的方案为基础进行的。到9月下旬经过8次正式会谈，基本达成协议。但国民党不肯签字。他们加紧向解放区进攻，企图以军事压力迫使我们在谈判桌上作出更大让步。这次和谈共历时43天，直到1945年10月10日双方才签署了《政府与中共代表会谈纪要》即《双十协定》。为了换取和平，我们做出了很大的让步，迫使国民党承认了“和平建国的基本方针”，这本身就是一个很大的胜利。虽然蒋介石要和平是假的，但在口头上承认了和平，即限制了他发动战争的手脚。如果他要打内战，就在全国和全世界面前输了理，使他政治上陷于被动。

10月11日毛泽东飞回延安，周恩来、王若飞留下继续谈未解决的问题，又先后举行了十次会谈，但任何问题都没有解决。中央批准周恩来11月25日返回延安，参加政治局会议。会上确定了参加重庆政治协商会议的七人代表名单：周恩来、董必武、王若飞、吴玉章、叶剑英、陆定一、邓颖超。

1945年12月16日，周恩来率中共代表团叶剑英、陆定一、邓颖超等飞抵重庆，齐燕铭作为代表团的秘书长同机到达。代表团进驻重庆中山三路263号。齐燕铭主管对外联络和宣传工作。主要任务是协助周恩来安排代表团的日常活动，随周恩来参加各种会议和谈判，同国民党代表以及政协会议秘书长保持联系，开展对外的宣传工作。代表团的工作十分繁忙。齐燕铭的电话、电报、信件、来访不断；需要与民主党派、各方面人士广泛接触，向他们解释共产党的方针政策，争取他们的同情与支持、合作。由于国民党的反动宣传，大后方人民对我们不了解，甚至还有误解，都需要通过耐心的工作来化解。

蒋介石在国内外的压力下，只得同意尽快召开政协会。1946年1月10日，双方加上美方共同签署了《停战协定》，同时，由国共双方和其他党派、无党派人士代表共同召开的政治协商会议在重庆开幕。1月31日通过了五项决议，即协商会议议程：改组政府、和平建国纲领、军事、国民大会、宪

1945年重庆《新华日报》社址。重庆国共谈判时齐燕铭曾为《新华日报》写稿

法草案。协商的过程实际就是各派政治力量围绕五个议题的较量。蒋介石企图通过协商会议迫使共产党交出军队和解放区。周恩来清楚地知道，不能靠蒋介石发善心，要准备同他们进行针锋相对的斗争。他告诉代表团，谈判需作出重大让步，否则不能争取政治主动和争取中间派对我们的同情，但让步以不损害人民的根本利益为原则。他带领代表团对各民主党派做了艰苦细致的工作，使他们认识到只有与共产党组成统一战线，才能实现他们自身的政治目标。可以说。做好对各民主党派的工作是决定谈判成败的关键。会议期间，周恩来指定齐燕铭、何思敬、陈家康、李澄之四人成立一个小组，研究宪法草案问题。准备在大会上提出符合人民利益的方案。

齐燕铭在重庆和谈期间认真领会和执行周恩来的指示。他的工作非常多，陪同代表团成员会见各界人士，宣传党的基本方针，组织记者招待会，散发宣传材料，安排演讲，还要挤出时间为《新华日报》写稿；按照周恩来的指示，他到各处去活动，接待学界、政界、商界的人士，回答他们提出的许多问题。只有到夜晚，宪法小组才有时间研究和讨论，每天都要忙到深夜。他们收集各国的宪法和中国过去的宪法仔细研究，征求民主人士对宪法草案的意见、建议，最后形成了《关于宪法问题的协议》，经代表团讨论后交大会通过。

那时的齐燕铭年青，精力旺盛，常常是深夜入睡，黎明即起。这段时间与周恩来配合默契。通过日日夜夜广泛深入地交往，他亲自体验了周恩来的为人、品格和作风。他把周恩来视为自己最

重庆谈判期间的齐燕铭

好的老师、楷模和挚友。周恩来也把齐燕铭当作自己得力可信的助手。从参加革命齐燕铭即开始做统战工作，在周恩来的领导下，他逐步深入理解党的三大法宝之一统战工作的方针政策，学会了灵活运用团结与斗争的具体策略。周恩来不仅处处耐心地教导他如何做，而且放手大胆交给他许多重要工作。齐燕铭一生也与统战工作结下了不解之缘。对他帮助最大的正是城工部（后改为统战部）的正副部长——周恩来和李维汉。由于他有很好的国学基础，知识渊博，谈吐儒雅，同时又谦虚好学，善于倾听各种不同意见；而且，他对自己有正确的定位，不仅对老一辈革命家非常尊重，对民主人士、科学家、艺术家及各界人士同样尊重，认为他们各有所长，从而抱着向他们学习、请教和愿意为他们服务的态度。周恩来派他与民主人士广泛接触交谈，从促膝谈心到成为真诚的朋友，以致后来许多民主人士有事都愿意找他。他与陈叔通、宋庆龄、许德珩、孙起孟、郭沫若、胡愈之、沈钧儒等许多人都建立了良好的关系。

## （二）南京谈判

1946年5月，国民党迁都南京，和谈地点也移至南京，进

# 周恩來同志昨飛京
## 鄧穎超廖承志同志等同行

▲本報特訊　周恩來鄧穎超同志已於昨日午後二時乘專機飛赴南京，同行者，尚有中共代表團秘書長齊燕銘同志，廖承志同志夫婦，[illegible]生同志、王炳南同志，及本報編輯章漢夫同志等十五人。又陸定一同志亦於昨日下午一時乘中航機飛京。民主同盟辛志超、羅涯一先生亦搭機飛京籌備民盟總部遷京事宜。（日）

▲南京三日電　中共代表團周恩來、鄧穎超、陸定一及隨員與眷屬等一行，分乘馬歇爾元帥專機及中航機於今日下午五時五十分由渝飛抵京。（中央社）

1946年5月4日《新华日报》关于周恩来率中共和谈代表团飞抵南京的报道

南京梅园新村。1946年4月蒋介石迁都南京以后，国共和平谈判移至南京进行。当时中国代表团住在梅园新村。今中共代表团梅园新村纪念馆院内建有周恩来的铜像。

南京梅园新村17号二楼党派组的办公室兼宿舍。齐燕铭时任党派组组长，在此办公和住宿。

入南京谈判阶段。同年5月3日，周恩来率代表团成员邓颖超、廖承志、章汉夫、宋平和齐燕铭以及电台机要人员等十人，乘专机到达南京，进驻梅园新村。齐燕铭除仍任代表团秘书长外，又兼党派组组长。

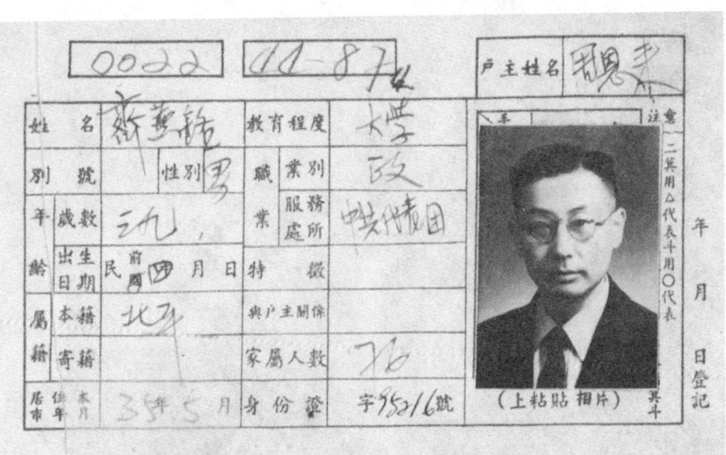

0022　　11-87

| 戶主姓名 | 周恩來 |
|---|---|

| | | | | | |
|---|---|---|---|---|---|
| 姓名 | 齊燕銘 | | 教育程度 | | 大學 |
| 別號 | | 性別 男 | 職業 | 業別 | 政 |
| 年齡 | 歲數 | 三九 | | 服務處所 | 中共代表團 |
| | 出生日期 | 民前四年　月　日 | 特徵 | | |
| 屬籍 | 本籍 | 北平 | 與戶主關係 | | |
| | 寄籍 | | 家屬人數 | | |
| 居住本市年月 | | 35年5月 | 身份證 | | 字95216號 |

（上粘貼相片）

年　月　日登記

1946年南京市政府颁发给齐燕铭的个人身份证

1946年5月15日，董必武、李维汉等三十余人乘飞机从重庆飞往南京，因飞机频频发生故障，至16日才到达。先期到南京的邓颖超、王炳南、齐燕铭、廖承志、经普椿等到机场迎接，在南京机场合影（左起第三至七人为邓颖超、王炳南、齐燕铭、董必武、李维汉，右起第二、三人为经普椿、廖承志）

1946年南京国共谈判期间齐燕铭（右一）到机场接人

周恩来步出梅园新村 17 号大门

戶別

戶主姓名 周恩來 [illegible]

東區 警察局 [illegible] 所 梅園新村 街路 巷里 17 號 | 己產或租賃

1 區 鄉鎮 30 保 甲 戶

| 稱謂 | 姓名 | 別號 | 性別 | 年齡 | 出生 年 | 出生 月 | 出生 日 | 本籍 | 寄籍 | 身份證字號 | 職業 業別 | 職業 服務處所 | 黨籍 | 宗教 | 教育程度 | 婚姻狀況 | 居住本市 年 | 居住本市 月 | 殘疾及身體上特徵 | 異動登記 類別 | 異動登記 年 | 異動登記 月 | 異動登記 日 |
|---|---|---|---|---|---|---|---|---|---|---|---|---|---|---|---|---|---|---|---|---|---|---|---|
| [illegible] | 李 [illegible] | | 男 | 19 | | | | 安徽 | | 95215 | 家務 | 本宅 | | | 小學 | | | | | | | | |
| 〃 | [illegible] | | 〃 | 39 | | | | 北平 | | 95216 | [illegible] | [illegible] | | | 大學 | | | | | | | | |
| 〃 | [illegible] | | 女 | 23 | | | | 河北 | | 95220 | 家務 | 本宅 | | | 小學 | | | | | | | | |
| 〃 | [illegible] | | 女 | [illegible] | | | | 湖北 | | [illegible] | 家務 | 本宅 | | | 中學 | | | | | | | | |
| 〃 | [illegible] | | 女 | 18 | | | | [illegible] | | 95206 | 〃 | 〃 | | | 小學 | | | | | | | | |
| 〃 | [illegible] | | 男 | [illegible] | 8 | | | [illegible] | | 99310 | [illegible] | 〃 | | | 〃 | | | | | | | | |
| | [illegible] | | 女 | 24 | [illegible] | | | 广东 | | 99311 | [illegible] | 〃 | | | 〃 | | | | | | | | |

1946 年南京市警察局对梅园新村 17 号中共代表团所作的户口登记

蒋介石在谈判中，始终是又打又谈，又谈又打。在重庆是以谈为主，以打为辅；而到了南京后，则是以打为主，以谈为辅。代表团这时的方针，是充分揭露蒋介石的欺骗手法和破坏双十协定挑起内战的种种事实，向民主党派和各界人士宣传解释共产党的政策和做法。齐燕铭与代表团的许多同志，经常夜晚到南京兰家庄民盟一些人的家中去彻夜长谈。经过深入细致的工作，民盟与共产党紧密团结，密切配合，相互沟通，相互支持，对于重大问题都先交换意见，成为与国民党蒋介石斗争中的亲密伙伴。通过工作，国民党内部的进步力量也以个人或组织（如中国民主革命同盟）的身份同国民党极右派斗争。由于我们最大限度地团结了各种进步力量与国民党进行有理有力有节的斗争，最后政协会通过的五项决议，总的来说是有利于人民而不利于蒋介石独裁统治的。1946年2月1日《解放日报》写道：这是"中国民主革命一次伟大的历史的胜利"，是"走上国家制度民主化的第一步"。

蒋介石6月26日向中原军区大举进攻，爆发全面内战。同时对民主人士行凶，多人在南京下关车站被特务打成重伤。周恩来、董必武、邓颖超、李维汉、齐燕铭等去医院慰问。为了抗议国民党破坏和谈的行为，周恩来派李维汉、董必武、邓颖超先后到上海，向各界开展宣传活动。5月24日，齐燕铭、王炳南也到达上海。28日，周恩来、董必武、陆定一、齐燕铭共同拜访黄炎培、沈钧儒、章伯钧、张君劢和梁漱溟。6月8日，董必武、李维汉和齐燕铭就东北停战和土改问题，与黄炎培进行深入交谈。为了解除黄炎培对我党土改中一些做法的误解，齐燕铭一连几天与黄炎培长谈，向他解释党的土改政策和一些具体做法。摆事实、讲道理，最后使黄炎培心悦诚服。

本来李维汉和齐燕铭的任务是向民主党派和各界人士征求对宪法草案及土改问题的意见，准备完成调查后立即回南京。可是，周恩来为了抗议蒋介石破坏和拖延和谈的行为，决定暂时留在上海不回南京，于是李维汉和齐燕铭也一同留下，直到10月才返回南京。

对于政治协商，蒋介石的宗旨是“让政不让军，让中央不让地方，让现在不让将来”。而政协通过的五项协议不符合他的旨意。他一方面假意表示今后要“忠实的坚决的遵守本会议的

在南京梅园新村，周恩来（左三）准备外出谈判（右二为齐燕铭）

南京梅园新村30号，1946年国共和谈期间中共代表团驻地

一切决议”，另一方面加紧部署兵力大举进攻解放区。全面内战即将开始。这时蒋介石对和谈已完全放弃，妄图依靠美国为他装备起来的国民党精锐部队，彻底消灭共产党，占领解放区。10月11日，国民党军占领张家口，停战协定被彻底撕毁。因此，中共代表团决定分批撤退。10月16日，齐燕铭、范长江、石西民、龙飞虎等30余人首批撤退，由南京飞回延安。他们从南京回延安时，国民党已大举向解放区发起攻击，全国战云密布。齐燕铭因随代表团在重庆、南京、上海四处奔波，日夜操劳，身体极度疲弱，哮喘的老毛病又再次发作。但他下飞机后仍坚持躺在担架上，乘大卡车去往杨家岭，向中央汇报情况。

虽然和谈最后破裂，但通过中共代表团这一阶段的辛勤工作，广大国统区的人民了解了中国共产党为争取和平的真诚愿望，认识了蒋介石真内战假和谈的丑恶嘴脸。事实的教育，使大后方民主运动的力量空前高涨。中共代表团满载人民的信誉而返回延安。重庆、南京和平谈判，为解放战争的胜利奠定了基础——因为它决定了人心的向背。中共代表团向南京机场上送行的各界人士表明：请相信，我们一定会很快回来的！

### （三）最后一次国共和谈

抗日战争结束后，中国共产党为了实现国内和平，与国民党举行了重庆谈判和南京谈判，签订了停战协定和政治协商会议决议。这是一次宝贵的和平机会。但是蒋介石撕毁协议，发动内战。认为依靠美援、依靠他的800万军队能够横行全国。然

1949年北平国共和谈代表合影（第二排右二为齐燕铭）

而，人民解放军仅用了两年半的时间，用美国送给国民党的武器装备了自己，歼灭了国民党的主要军事力量和精锐部队。这时，国民党内部也已面临土崩瓦解。为了争取喘息机会，1949年1月1日，蒋介石发出"元旦文告"，再一次重复假和谈、真备战的把戏。毛主席于1949年1月14日发出《关于时局的声明》，提出了和谈的八条。22日，李宗仁以代总统的身份发表文告，表示愿以八条为基础进行谈判。这实际上是国民党的缓兵之计。蒋介石要借此大规模扩军备战，重建400个师，征250万新兵，重新召集退役军官，编制新的装甲兵团等。解放军本来已有完全的把握，在不太长的时间里全歼国民党反动派，但为了尽快结束战争，减少人民痛苦，仍然同意与国民党举行和谈。

23日，李宗仁派黄启汉、刘仲华飞往北平。27日和28日，叶剑英在北平连续接见他们,并向西柏坡的中共中央报告谈话情况。2月1日，周恩来为中央起草的电文告知，要黄启汉、刘仲华转告李宗仁，如果他真有诚意反美反蒋，接受八条，“即应迅速与蒋分裂”,“中间道路是万万走不通的”。经过几次接触，3月19日，周恩来派齐燕铭到北平六国饭店会见黄启汉，表示中共不久将要宣布国共谈判的日期和中共参加谈判代表的名单,请他对李宗仁打个招呼。第二天，黄启汉把消息告诉了李宗仁。李在电话中说明:国民党的和谈代表人选定为张治中等五人,张治中是首席代表。当天，黄启汉把名单抄送齐燕铭转报共产党中央。26日,中共通知南京国民党政府:和谈决定4月1日在北平举行。

中共方面正式代表为周恩来、林伯渠、林彪、叶剑英、李维汉，周恩来是首席代表。4月1日，中共中央又加派聂荣臻为代表，并批准周恩来的建议，决定以齐燕铭为中共和谈代表团的秘书长。此后,在整个和谈过程中,齐燕铭都协助周恩来，负责日程安排，并随周恩来参加个别商谈和正式会谈的活动，帮助进行文件修改等工作。

4月1日下午2时,以张治中为首的国民党政府和谈代表团到达北平。中共方面派北平市副市长徐冰、中共和谈代表团秘书长齐燕铭和东北野战军参谋长刘亚楼等到机场迎接。当晚,周恩来、林柏渠、林彪、叶剑英、李维汉、聂荣臻设宴招待张治中一行。

4月2日至12日，双方代表先进行个别商谈。叶剑英、林彪会见了刘斐；林伯渠会见了张治中、邵力子；4月8日上午，毛泽东、周恩来在香山接见了张治中，就谈判事宜，长谈4个

1949年北平国共和谈代表合影（右二为齐燕铭）

小时。毛泽东谈到，为了减少南京代表团的困难，可以不在和平条款中写进战犯的名字，对他们的处境表示谅解。并说，谈判可由中共方面先草拟方案，下边正式谈判就容易了。并提出，将来签字，如李宗仁、何应钦、于右任、居正、童冠贤等都来更好。4月9日，毛泽东接见邵力子、章士钊；10日接见黄绍竑、刘斐；11日接见李蒸、卢郁文。

4月13日，周恩来向南京代表团提交了由他起草的《国内和平协定（草案）》。后来根据会议情况，作了一些修改。此草案发给齐燕铭的一份，编号为217号，他一直保留着。

当晚9时，国共正式会谈在中南海勤政殿举行。会议开始，由周恩来提出《国内和平协定（草案）》，并作了概括的说明。之后张治中发言表示，愿意就中共所提草案再加以研究，提出修正案。

4月14日，南京代表团提出了一个修正案，由张治中交给周恩来。

4月15日，双方代表又分别交谈。晚7时，中共代表团将《国内和平协定（最后修正案）》送交对方。9时，双方代表在勤政殿举行第二次正式会谈。周恩来作了说明之后表示，希望南京代表团将最后修正案带回南京，说服当局接受它。不然解放军就要向前推进了。时限是本月20日，如那时协议仍不能签字，解放军就要渡江了。张治中表示，明日即派人到南京请示，之后再行答复。

黄绍竑、屈武带着《国内和平协定（最后修正案）》到南京后，李宗仁召集白崇禧、夏威等商议。白崇禧一看完，立即气冲冲地说："像这样的条件也带得回来！"说完即走了。李宗仁默不做声。随后，张群带着《协定》去溪口见蒋介石，蒋看后拍案大骂："文白无能，丧权辱国！"20日深夜，李宗仁、何应钦复电张治中，拒绝接受《协定》。

这并不奇怪，因为这时蒋介石还在做着"划江而治"的美梦，以为他的长江防线"固若金汤"，解放军是过不去的。他并不懂得，北平和谈是国民党的最后一次机会。

以张治中为首的国民党政府代表团全体成员，在谈判破裂后都毅然决定留在北平。这样的结果，根本原因是蒋介石已面临彻底垮台，代表团成员自然不愿为他去殉葬。另一原因在于，周恩来细致入微的统战工作，可以把敌人营垒中的分子变成朋友。齐燕铭通过大量的日常接触，也学到了周恩来的原则性与

1949年初在西柏坡李家庄，右一为李维汉、左二为齐燕铭、左一为周子健

灵活性，做工作的方式方法，以及他待人接物的风范。他们排除种种困难，设法保护安置国民党代表的家属，并“神奇”地接到北平。当张治中在机场见到自己家人时，十分吃惊与感动。

# 八、从西柏坡到中南海

1948-1949

## （一）参加中共中央城工部工作，被派往北平筹备新政协

1946年10月16日，齐燕铭从南京回到延安，不久即被任命为中共中央城市工作部秘书长，协助周恩来、李维汉开展工

1949年齐燕铭夫妇在西柏坡与大女儿会面（童小鹏摄）

作。此后不久，胡宗南进攻延安，城工部即随中央机关一起转移到山西临县王家沟；1948年3月，又随中央迁往河北省平山县西柏坡李家庄。1948年3月3日至13日，齐燕铭在西柏坡参加了中央讨论划分阶级问题与城市问题的会议。这时，第六次全国劳动工人代表大会准备在东北召开，城市工作部负责起草《劳动法》和《工会组织法》。这项工作在刘少奇领导下，由李维汉、齐燕铭、王翰、陈用文组成一个起草小组具体进行。

1948年9月26日，中共中央决定将中央城工部改名为中央统一战线工作部，首要任务是协助党中央围绕召开新政治协商会议的各项问题，与各民主党派、无党派爱国人士进行协商，做好各项具体准备工作。齐燕铭负责与民主人士的政治联络和协商工作。此外，还兼任政权室主任，负责城市政策研究和统战工作。当时许多知名人士纷纷从全国各地来到李家庄，都由统战部接待，除与他们商讨筹备新政协事宜外，对他们生活给予优待。还组织他们学习时事，为他们做战争形势报告。齐燕铭作为秘书长，许多事都是由他组织安排的。他还组织政权室的同志拟定宪法草案，绘制中央人民政府组织机构系统表，对新中国政权设置问题进行调查研究。

1949年1月31日，北平和平解放，为新政协会议的召开提供了很好的条件，同时又促使新政协筹备工作加紧进行。1月31日齐燕铭接到周恩来的电话，要他同周子健、申伯纯立即到西柏坡接受新任务。他们一行立即出发，赶到时已是2月1日凌晨。在夜深人静的西柏坡，周恩来依然伏案工作。他招呼连夜从李家庄赶来的齐燕铭等人坐下，嘱咐警卫员端上热茶后说，叶剑英来电告知平津战役宣告结束。现在你们要尽快出发，赶往北平筹备新政协的召开，这是首要任务。其次，要接管中南海，成立中南海办事处，负责房屋管理和卫生工作；接管香山，将它作为党中央驻地；接管北平饭店、六国饭店、德国饭店等大饭店，为接待各地民主人士做准备。同时请你们把住在李家庄的民主人士周建人、胡愈之、符定一、韩兆鹗、雷洁琼、沈兹九、何惧等一起带到北平去。齐燕铭领命后立即组织这几十位民主人士集中。周恩来已指示杨尚昆为他们准备了车辆，登车后立即上路。楚图南回忆从李家庄赴北平的经过时说："我和周建人、胡愈之等几十人组成一队，由燕铭同志照应着，到达石家庄后住了一天，打前站的同志说，定县附近还有傅作义的不少部队，其动向如何尚不清楚。齐燕铭同志当即决定我们暂留石家庄。他只身带一枝卡宾枪连同一名司机驾吉普车去定县了解情况，并嘱咐我们没有接到他电话之前不要离开石家庄。(当时大家看齐燕铭一人和一名司机上路心中彼感不安。符定一即说："齐先生可要注意安全！不过据我预测，你此行吉利。"齐燕铭说："托符老的福了！"说完他即在夜幕中赶赴定县。)后接到他电话说无事，我们才顺利出发，使我感到燕铭同志既有深湛的文化艺术修养，又有燕赵之士的豪情，更有一个坚强革命者的机智和勇敢，给我的印象非常深刻。"2月3日早，齐燕铭一行抵达北平，并参加了人民解放军入城式。解放军高级将领和从各地来的民主人士、各界代表数百人，在前门箭楼上检阅了入城部队。

在齐燕铭的具体组织安排下，金城、申伯纯等先接管中南海的房屋，以及香山、北平饭店、六国饭店、德国饭店等。在丰泽园成立了中南海办事处，为中央领导机关迁入北平做各种准备工作，并将给中央领导同志居住和活动的颐年堂、准备政协筹备会办公开会的勤政殿和开大会用的怀仁堂，定为清理修缮的重点。

在此期间，齐燕铭还协助李维汉向中央报告各党派民主人士的动态，协助民主党派搞好组织建设，对于他们提出的各种困难和问题，则及时向周恩来和中共中央反映、汇报。

1949年3月25日，毛泽东等中央领导同志乘火车到达北平，下午在西苑机场举行了阅兵式，也是胜利的入城式，一方面检阅部队，一方面接受各界代表的欢迎，同时与来自各地的民主人士见面。齐燕铭负责组织当时在北平的高级民主人士去机场欢迎。建立新中国的中共领导人，还没有顾得上服装的换季，毛泽东、朱德、刘少奇、周恩来等，都穿着棉衣裤和布棉鞋，还是延安时的装束。但接见场面十分热烈，人们欢呼跳跃，一阵阵热烈的掌声和口号声，盛况空前。

从机场回来以后，齐燕铭得到电话通知去益寿堂，原来毛泽东当晚要同高级民主人士谈话，举行一次便宴，要齐燕铭拟定名单。齐燕铭很快拟出一个先期到达北平的民主人士名单，得到毛泽东、周恩来的审阅同意。毛泽东要齐燕铭立即通知有关人员，派车将出席便宴的民主人士接来。

由此，齐燕铭的工作重心也跟随周恩来转到了国共和谈和新政协的筹备工作上。

1949年准备召开新政协，齐燕铭到北平火车站迎接民主人士，与沈钧儒交谈，齐身后是胡愈之，右侧第一人是胡愈之夫人沈兹九，第二人是康克清

1949 年 6 月，在中南海勤政殿召开新政协筹备会议

### （二）筹备和出席新政协第一届全体会议

1949 年 6 月 11 日，周恩来和民主人士、各界代表人物经过反复协商后，在中南海勤政殿举行了新政治协商会议筹备会预备会议。16 日晚，筹备会常务委员会举行第一次会议，推举毛泽东为常务委员会主任，周恩来等五人为副主任；批准李维汉为秘书长，齐燕铭等九人为副秘书长。

新政协筹备会分六个工作组：拟定参加新政协的单位和代表；起草组织条例；起草共同纲领；拟定中华人民共和国组织方案；起草大会宣言；拟定国旗、国歌、国徽。齐燕铭对每个组的工作都要顾及。

7 月 10 日，中共中央组成新政协筹备会党组干事会，齐燕铭为 21 位干事之一，协助周恩来、林伯渠、李维汉等负责党派工

新政协筹备会议上，齐燕铭向代表们报告新政协筹备情况

作。党派工作的首要任务是大搞“名单学”，所谓“名单学”即人事的筹划安排。召开新政协，首先要确定由哪些党派团体参加，并进一步商定由哪些人物参加，因为当时的条件不可能实行选举制，只有通过协商。我党对各届代表的确定极为慎重，要一一调查了解清楚，又要向有关单位反复征求意见，而且这一切工作都要在极短时间内完成。这时齐燕铭作为周恩来和李维汉同志最得力的助手，其工作紧张繁重可想而知。其后的一天晚上，由于天黑路灯不亮，李维汉同志一脚踩进了下水井，当即骨折，送医院救治，因而不能再参加新政协的工作。齐燕铭的工作因此愈加繁重。

在召开新政协的号召发出以后，除了中央确定邀请的民主党派、无党派民主人士以外，当时自荐要求参加新政协的“党派”（如所谓“少年劳动党”、“农民党”，等等）和个人也不少。

出席政协第一届全体会议的中共代表团，前排左起：刘少奇、林伯渠、董必武、吴玉章、徐特立、毛泽东。后排左起：安子文、刘澜涛、李克农、陈云、彭真、徐冰、周恩来、陆定一、齐燕铭

齐燕铭协助李维汉同志做了认真的调查研究，有理、有据地找他们个别谈话。例如对“少年劳动党”的主席安若定，指出该党成分复杂，且毫无民主运动历史，并批评其夸大虚报党员人数等，劝其自动解散组织。安若定接受建议后，吸收他个人参加政协。其他如民社党革新派等，凡在民主革命中有好的表现的代表人物（如张励生），都作了妥善的安排，使他们各得其所。

8月29日，新政治协商会议筹备会确认中共参加政协代表名单，齐燕铭为候补代表。在新政协召开之前，党中央还在日以继夜地抓紧拟定各项重要文件，齐燕铭参与“共同纲领”的起草、印发和征求意见工作。

1949年9月以后，“共同纲领”的起草工作进入最后阶段。纲领的名称随着政协名称的变更，改为《中国人民政治协商会议共同纲领》，广泛征求意见。从9月3日至13日，毛泽东至少四次对草案稿进行了细心的修改，改动总计二百余处。他在改过9月11日稿后又批示："乔木：即刻印一百份，于下午6时左右送交勤政殿齐燕铭同志，但不要拆版，俟起草小组修正后，再印一千份。"

9月4日，齐燕铭在中共中央统战部主办的政协代表茶话会上补充介绍了新政治协商会议筹备的情况，包括代表的产生过程、代表的组成、会议的中心议题、共同纲领的起草修改，以及《中国人民政治协商会议组织法》（草案）、《中华人民共和国中央人民政府组织法》（草案）修改起草等情况。

新政协"名单学"未了，又延伸到中央人民政府各部人选安排上，特别是党外民主人士安排，必须由中央统战部拿出方案，大量的具体工作也是由齐燕铭完成的。在讨论国徽的设计时，因为梁思成夫妇未曾出席，他就亲自去清华大学拜访，受他的诚意感动，梁思成亲手制成国徽模坯，由秘书张可凡同志取回来。

9月21日，中国人民政治协商会议第一届全体会议在中南海怀仁堂隆重举行。出席开幕式的有参加会议的代表634人，来宾300人。齐燕铭作为中国共产党的候补代表参加了开幕式。

30日晚上9时，全体代表在欢乐中回到住地北京饭店用餐。餐厅里热闹非常，毛泽东等领导人坐在第一桌。代表们纷纷离座走来，向他和几位副主席敬酒。毛泽东这天晚上也破例有敬必饮，开怀举杯，直到齐燕铭宣布餐后中央人民政府主席、副主席、委员还要留下开会，代表们才停止了敬酒。此刻，夜已

1949 年齐燕铭参加筹备新政协

阑，兴未尽，在幸福的情怀中人们渐渐离去。

对于齐燕铭筹备和参加新政协会议期间的工作情况，当年与他同为新政协筹备会常务委员会副秘书长的孙起孟（后曾任人大常委会副委员长）1995 年 5 月 15 日感慨地回忆说：“当时几位副秘书长中，燕铭同志是李维汉秘书长的主要助手，上下、左右、内外的事情，几乎无一不与，同志们也都乐于和他商量、请教……。他勤奋惊人，睡觉是化整为零。因为毛主席、周总理主要是夜晚工作，他则除夜里工作，白天照样勤奋工作，有时坐在那里抽空合一会儿眼，一听说有什么事，他马上十分清醒地处理问题，从不误事。说他是不知疲倦地工作，毫无愧色。"

曾任齐燕铭秘书的张可凡也回忆说："政协前后工作极忙，昼夜不分，……齐燕铭主要协助周恩来工作。那时我虽是他的秘书，但几乎见不到他人，都是电话联系。因为他每晚都要跟着周副主席参加中央有关的会议，直至凌晨；待中央同志去休息了，他又'承上启下'地布置新的一天工作。他几乎没有睡眠时间。"

管易文同志回忆说："那时，我在华东青州交际处，被指名抽调来北平，在齐燕铭同志领导下负责接待处的工作。北平刚刚解放，百废待举。宾馆、饭店、车辆等物质条件完全不能同现在相比，……燕铭同志秉承周恩来同志的指示，精心安排，亲自检查，操劳不息，真是周副主席有力的左右手。他教育我们和全体接待工作人员，尽管物质条件不丰，一定要诚恳热情，从各方面关心照顾好前来参加新政协筹备工作的各方面代表。在燕铭同志的具体组织安排下，我们接待了张澜、李济深、沈钧儒、陈叔通、柳亚子、黄炎培、马寅初、章伯钧等一批批著名人士。"

这个划时代的盛会，是从旧中国到新政权建设的分水岭。这一届政治协商会议实际上执行了全国人民代表大会的职权，成立了中华人民共和国，选举毛主席为国家主席，选举了政府

齐燕铭在政协会上

齐燕铭与子女们在中南海合影，二女儿齐翔安（右一）刚从前方回来，三女儿齐小慧（左二）和儿子齐小鲁（左三）从解放区回京，小女儿齐翔英（左一）刚刚从北平的叔叔家接回来。这是解放后的第一次团圆

1950年春天，齐燕铭与女儿齐小慧合影

50年代初，齐燕铭夫妇与三女儿齐小慧

机构，规定了国旗、国徽、国歌，决定了首都，并且通过了《共同纲领》。其后很多重要的法律法令和重大政策，如土地改革法、抗美援朝等重大决策都是在政协会上通过的。齐燕铭不仅作为中国共产党的代表参加了这个盛会，而且在党中央的直接领导下，竭尽全力地做了大量工作，这是他一生最值得自豪的一段经历。

# 九、新中国的政权建设

1949-1960

## （一）中央人民政府机关建设的开拓者

新中国成立后，齐燕铭历任中央人民政府办公厅主任、政务院副秘书长。

1949 年开国大典之后，他和秘书们在中南海的大殿里，发现有几根粗大的金楠木质地很好，他就请人制成了一块大匾，又叫秘书到琉璃厂买大抓笔，亲自奋力书写了“中央人民政府”几个大字，每个字占一张宣纸，气势非凡。他们准备制成大匾挂在新华门门楼上。这时，周总理看到了，严肃地说：“我们是人民政府，要为人民服务，与人民密切联系，哪能像旧政权那样，摆着威严的衙门样，让老百姓望而生畏。”这话齐燕铭终生不忘。“为人民服务”的思想深深刻在他的心里，办每件事都要

中央人民政府任命通知書

府字第0957號

茲經中央人民政府委員會
第三次會議通過任命齊燕銘爲
中央人民政府委員會辦公廳主任

特此通知

主席 毛泽东

一九四九年十月十九日

中華人民共和國中央人民政府之印

1949年10月，任命齐燕铭为中央人民政府委员会办公厅主任

考虑对人民群众有益。此后，新华门内即悬挂着“为人民服务”的大匾。直至文革期间，他也和总理一样，胸前始终戴着有“为人民服务”字样的毛主席像章。

周恩来总理这时把精力集中在筹建中央政府政务院及其所属机构，并建立各种制度的紧迫工作上。1949年10月11日，总理在中南海勤政殿召开了政务院第一次扩大政务会议并发表了重要讲话。他宣布在政务院李维汉秘书长病假期间，由齐燕铭副秘书长代理其职。

政务院所属各机关从11月1日起开始办公。齐燕铭从10月26日起，主持召开了一系列汇报会议，解决了一些最急迫的事务问题，建立了政务院秘书处与各单位的联系制度，商定了各

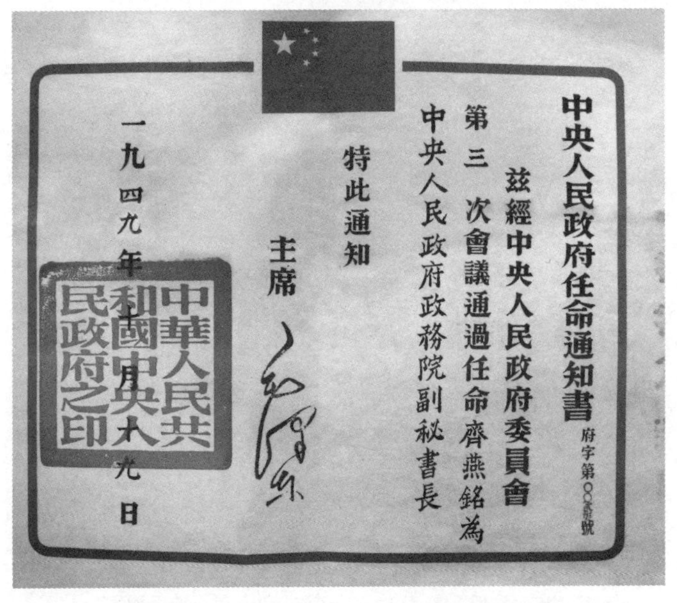

中央人民政府任命通知書

府字第〇〇[illegible]號

茲經中央人民政府委員會第三次會議通過任命齊燕銘為中央人民政府政務院副秘書長

特此通知

主席 毛澤東

一九四九年十月十九日

中華人民共和國中央人民政府之印

1949 年 10 月，任命齐燕铭为中央人民政府政务院副秘书长

机关房屋、汽车购买分配等问题，制定了各部门经费领支的暂行规定，以及新任部长、副部长和办公室主任到京时招待食宿及联系事宜等。

从 1949 年 11 月 12 日至 1950 年 10 月 14 日，齐燕铭主持召开了 30 次中央人民政府办公厅厅务会议，讨论的问题主要有：中央人民政府委员会组织条例（草案），中央人民政府办公厅组织条例（草案），中央人民政府印信制发条例，办公厅各处、局、室编制及干部配备，中南海四个大门的传达及接见群众工作问题，办公厅主任、副主任与中央人民政府副主席、委员及所属部门间联系分工问题，各地工作报告的阅处问题，有关法院、检察署的人事任免问题，有关检查工作、会议制度、值班制度、总

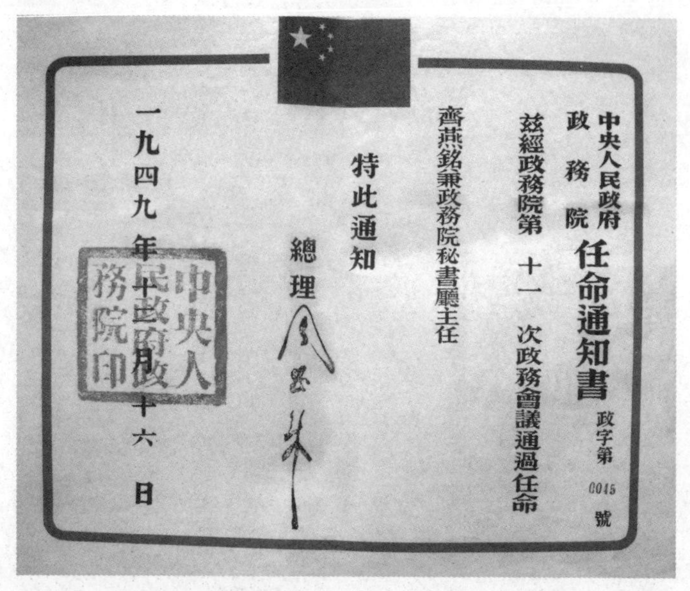

中央人民政府
政 務 院 任命通知書 政字第 0045 號

茲經政務院第 十一 次政務會議通過任命

齊燕銘兼政務院秘書廳主任

特此通知

總理

一九四九年十二月十六日

中央人民政府政務院印

1949 年 12 月，任命齐燕铭兼政务院秘书厅主任

务行政制度，关于保健事项，关于与民主党派人士联系问题等。这些问题相继解决后，使中央人民政府办公厅日常工作得以有序开展。

从 10 月 28 日起，在不到 4 个月的时间里，齐燕铭协助周总理和有关副总理，提请政务院会议着重讨论通过了有关政权建设的一系列组织通则和工作制度，如《政务院组织通则》，省、市、县《各界人民代表会议组织通则》，《政务院及所属各机关组织通则》，《大行政区人民委员会组织通则》，省、市、县《人民政府组织通则》，《政务院关于各级政府工作人员保守国家机密的指示》，等等。

经过一年多的实践，为总结经验，进一步改进和健全机关各项工作制度，齐燕铭同志受李维汉秘书长的委托，于1951年1月6日向周总理写了召开全国省以上政府秘书长会议的报告。他在报告中提出了会议的中心议题、出席范围和进行步骤。

齐燕铭同志作为政务院副秘书长又被推举为全国秘书长会议的主席团成员兼秘书长，全身心地投入了会议的筹备和进行的全过程，协助李维汉秘书长作了大量的组织工作和重要制度的研究制定工作。

1951年4月，全国秘书长会议在京举行。这是新中国成立后第一次为开创人民政府机关工作的新局面而召开的一次重要会议，周总理到会作了《目前形势和任务》的报告，政务院有关副总理出席了会议。通过了有关政府机关工作的六个文件：《保守国家机密暂行条例》、《各级人民政府保密委员会暂行组织通则》、《政务院关于加强政府机关内部统一战线工作的几项具体规定》、《关于各级政府机关秘书长和不设秘书长的办公厅主任的工作任务和秘书工作机构的决定》、《关于处理人民来信和接见人民工作的决定》、《公文处理办法》。这些文件，除《公文处理办法》以政务院秘书厅名义下达实行外，其他五个文件经过政务会议通过或由周总理审核后发布实行。

上述文件，集中体现了我们党领导的政权机关建设中长期积累起来的丰富经验，不仅适应了新中国创建时期的工作需要，是当时各级政府机关建设遵循的基本原则，而且为以后的机关建设发展打下了基础。这些文件中倾注了齐燕铭的大量心血。

1953年，我国开始了有计划的经济建设。5月14日，周总

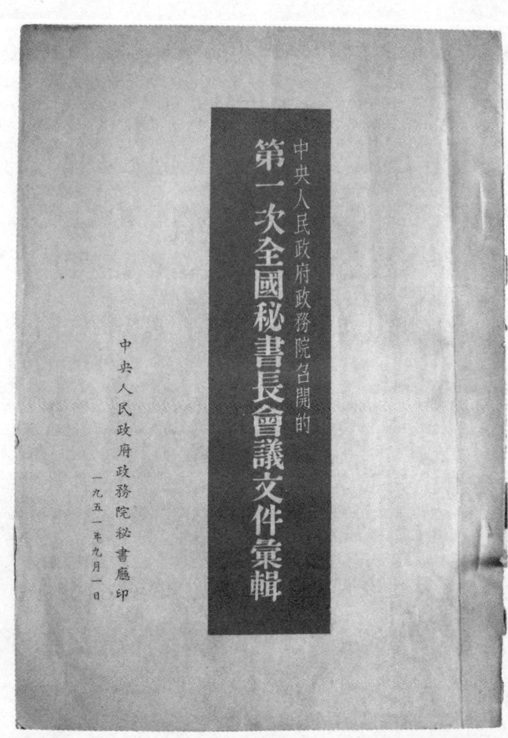


中央人民政府政务院1951年9月召开的第一次全国秘书长会议文件汇辑

理在中央人民政府各部门负责人的会议上讲，在目前，中央各业务部门的任务都加重了，政府的组织必须有一个调整。之后又说：我们在公文方面也需要有一个更好的程序，由政务院副秘书长齐燕铭、孙志远在这方面多钻研，搞出一套完整的公文制度来。各部门办公厅也要搞出办事规则来，这也是业务。根据周总理的指示，齐、孙二人经常与秘书厅有关同志研究如何简化秘书厅本身的公文运转手续，并考虑整个政府机关的公文制度建设。

印信是一个机关权力的象征，公文盖上印才算有效。周总理在政府名称基本确定后，及时指示齐燕铭早做刻印的准备工作。在燕铭同志主持下，请有关副秘书长及美工人员参加进行讨论，将历史上的方形印信改为圆形，将国徽放在中央，机关名称在国徽外沿自左而右环行。并将“印信”改为“印章”。这个规定经国务院常务会议通过发布实行。

改革国家机关公文体式。公文（即公务文书）是一切机关、单位用以传达贯彻党和国家方针政策，请示和答复问题，布置任务，指导工作，报告情况，交流经验的一种具有特定体式的文件。它必须随着国家形势的发展和工作的需要不断改进。

在齐燕铭同志的领导下，对公文用纸格式进行了具体研究，由竖写竖排式改为横写横排式，决定公文正文一律使用无格纸，这对打字、排印都很方便。国务院批准了秘书厅《关于改变国家机关公文用纸格式的报告》，决定中央机关自1956年2月1日开始实行，各省、自治区、直辖市1956年6月底以前全部实行。

建立公文交换站。建国初期，百废待兴，会议多、文件多，机关通信任务十分繁重。一天之内经常要向各部门发出多批信件，每发一批，通信员要分几路满城跑好几个小时。那时，通信员大部分骑自行车。文书收发科的同志提出，如果在同一时间，各有关单位的通信员会齐到同一地方，相互交换信件，不是可以既节省人员又保证完成任务了吗？齐燕铭认为这是一个好办法。6月15日燕铭同志批准“公文交换站”正式成立，开始工作。通过实践中不断总结完善，使交换站能够长期坚持下来，大大改善了各部门的通信工作，减轻了机关通信任务的压

国务会议上，主席台左起：周恩来、宋庆龄、毛泽东、刘少奇、董必武、朱德。右侧前排左起：彭真、邓小平。齐燕铭经常列席国务会议，右侧后排左起第二人为齐燕铭

力，节省了大量人力、财力，也提高了效率。

齐燕铭从政务院到国务院具体主管了会议的组织工作。政务院的政务会议，国务院的全体会议、常务会议的会议议程以及相关的文件、开会通知，都是由他进行审核后报送总理决定。政务院的政务会议及全体会议的议题绝大部分都是燕铭同志提出建议，报总理审定的。由于国家经济建设及各方面工作的发展，提交会议讨论决定的问题日益增多，没有一个专门为会议服务的工作机构，不仅不能专门研究会议业务的问题，而且由于头绪多、层次多，常常发生工作脱节的现象。

1956年2月17日，齐燕铭亲自邀集有关同志决定成立会议科，并把会议科尽快搬到与他办公室相邻的一个房间，以便随

时联系、有问题随时解决；还决定建立《会议工作细则》和《关于会议若干问题的办事程序》，使工作有章可循。

任中央人民政府政务院副秘书长兼政务院机关事务管理局党组书记时的齐燕铭

齐燕铭同志不仅在机关制度建设方面有许多建树和创造，而且还对政务院、国务院制定的许多法律草案、行政法规等政策性文件认真把关。凡经他手发的文件，他都句斟字酌。对于提交会议的重要政策规定，他认为有疑问时，便亲自向有关部门了解。会议通过的文件，凡需要修改时，根据会议讨论意见或周总理指示，他都亲自修改或组织有关同志修改。翻开政务院和国务院初期的档案，许多稿件上都有他的笔迹。他对凡是送总理或主管副总理审批的文件，都要仔细地从政策、法律批准程序和文字上进行审阅订正。跨部门的事情，他定要查清主办部门是否征求了有关部门的意见，有关部门之间意见是否一致；如果有分歧，他都要开会听取不同意见，进行协调，绝不把不成熟的文件往上送。总之，政务院、国务院上报下达的重要文件，几乎都渗透着他的心血。

建国初期，中央政府机关的各项工作从无到有，齐燕铭做了大量卓有成效的工作，是名副其实的开拓者。正如原国务院副秘书长吴庆彤同志所说，“燕铭同志对待工作认真负责，细致入微，一丝不苟，非常具体。他协助总理工作，能跟上总理的节拍，从来没有节假日，也不分上下班，事情一来，不分昼夜处理。1952年我调到政务院工作，他给我的印象是：工作做得最多，贡献很大。我听到一些开国之初就到政务院工作的同志说过，组建政务院，很多事情是他拿出具体方案送到总理那里的。其中包括组织建设、法制建设、机关建设等等。当时，我们党刚开始执政，中央政府怎么工作，是一个生疏的全新的课题，几乎一切都要从头学起、从头做起。大的方面周总理出主意，具体工作是燕铭同志做的。那时，大家都缺乏经验，又没有现成的东西可以参考，硬是拿出具体方案来，是很不容易的事情。他做工作非常具体，在建国初期的政权建设过程中，能提出独创见解，特别不容易。大到落实方针政策，小到政府各部门机关怎样挂牌子，用什么字体等，都需要他拿出具体方案，做出明文规定。在国家机关的基础建设工作方面，燕铭同志是做出了重大贡献的，从某种程度上讲，他是机关工作的奠基人，基础确实是他打下的。”

曾任齐燕铭秘书的朱雨滋说：“周恩来对于齐燕铭工作的要求非常严格，交办的各项工作，都非常细致、具体，甚至包括印发文件中的校对等项事宜也经常叮嘱，从不放过。对周恩来

关于国家机关事务工作改革方向問題的报告

齐副秘书長并

习秘书長：

目前国家机关事务工作的管理方式是在过去供給制的基础上建立起来的，因此在机关行政事务工作之外，还管着机关工作人員的生活事务，并且管的面很广。从宿舍、食堂、托儿所、上下班的交通工具一直管到浴室和理发室，几乎是无所不包。这些生活事务中，有些包括着一系列的复杂管理工作，如：宿舍一項就包括建筑調配、修繕、家具供应、水电管理、清洁卫生和收租收費等等。因之每个机关都不得不設有一个很大的事务机构。在过去因为市政部門（特别是在人口发展較快的城市）对机关宿舍、食堂等等缺乏力量进行統筹安排和管理。所以由各机关分散管理是必要的，也确实解决了不少問題。但是这种管理方式現在就和国家社会主义建設要求出現了严重的不相适应的状况。

(一)由于分散管理，每个机关都是从自己的角度出发，从单純解决本单位的需要出发进行筹划、建設和安排，这自然和城市全面有計划的建設发生矛盾。另一方面在現代城市里，解决宿舍、交通等問題脫离了城市全

1956年2月，习仲勋、齐燕铭对中央国家机关汽车配备办法（草案）的批示。

关于中央国家机关汽车配备试行办法（草案）

第 一 条 为适当解决中央国家机关（以下简称各机关）汽车的配备并贯彻节约精神，特制定本办法。

第 二 条 各机关的小汽车，应按下列规定配备：

(一)副部长及七级以上人员，每人配备专车一辆。

(二)司、局长及十一级以上人员，每四至六人配备公用车一辆。上列人员兼任两个以上机关职务者，由经费开支的机关配备汽车和报销汽车的一切费用。

各部、会直属局如因住地分散不能和部、会一起办公者，在配备汽车时，可给予照顾。

第 三 条 各机关的机要通讯小吉普车，可按工作需要给予配备一辆至三辆。

第 四 条 各机关临时接待国内外来宾或召开专业会议所需之汽车不另配备，可就本机关配备的汽车调剂使用。必要时可向北京市汽车公司租用，其租费分别在招待费或会议费内列报。

第 五 条 在北京市公共交通事业日益发展的情况下，各机关的大卡车和大交通车原则上不再配备，并应逐步缩减。

第 六 条 各机关的汽车不得以收取租金、油费等方式对外出租。如因特殊任务临时征用或借用（在征用或借用）期间的汽油费和汽车损坏的修理费，由征借机关负责开支。

—1—

习仲勋、齐燕铭对国家机关事务工作改革方向问题报告的批示

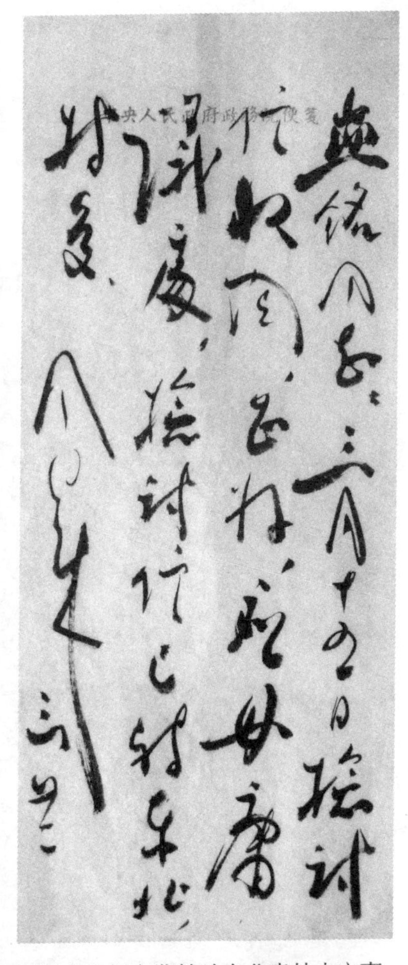


周恩来批复齐燕铭为东北森林火灾事件未能及时处理所做的检讨

严格的工作作风和要求，齐燕铭的感受十分深刻，出现问题总是主动检讨。1950年8月7日，中央人民政府委员会通过预算，在统计表决人数时，有一人未举手，齐燕铭当时没有看清，即报全体通过。会后，经人提醒才发现这一问题。他立即书面报告周总理、毛主席，并请求处分。周总理于当天即转报毛主席，提出了补救办法。又如1952年3月15日，齐燕铭为东北森林火灾事件未能及时处理所作的检讨，更能从一个侧面反映他对自己的要求格外严格。尽管此案拖延处理的责任并不完全在他，但他却毫无怨言地承担责任，受到了周总理的肯定。

建国初期，齐燕铭虽然对于政府机关一些事情的处理不免生疏，但办错了之后勇于检讨；遇到问题时，也敢于向上级提出建议，说明自己的看法。其中有不少建议得到了毛主席、周

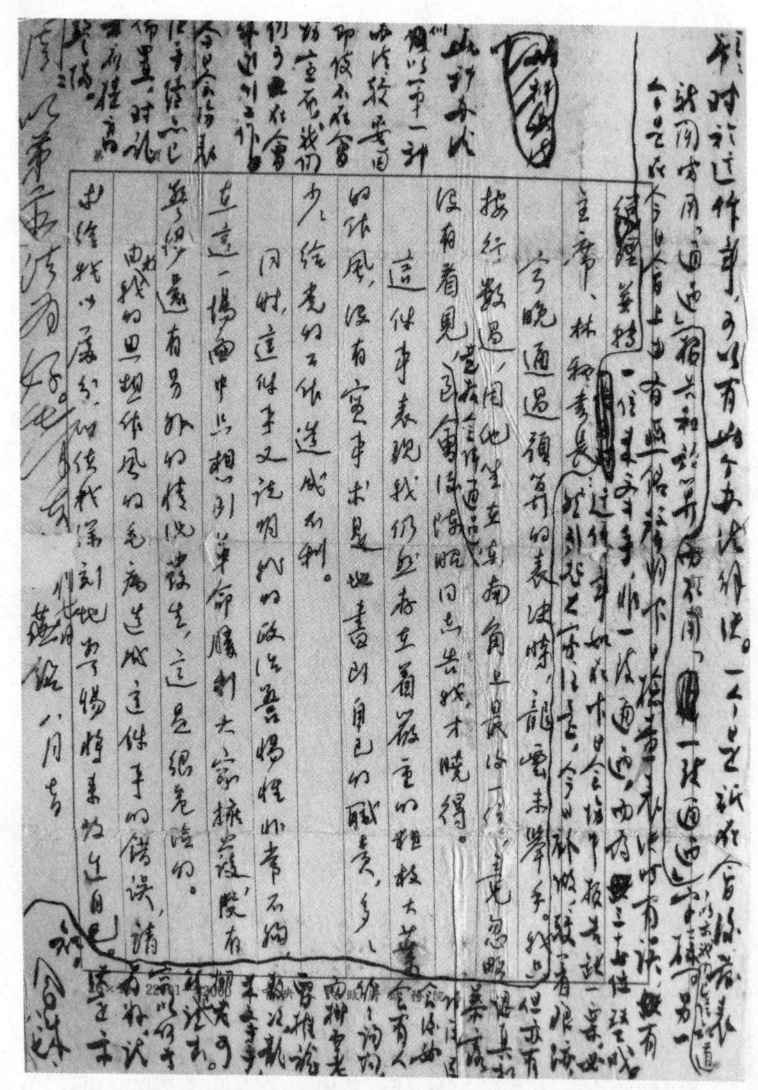

毛主席、周恩来对齐燕铭检讨的批示

总理的同意和采纳。

1950年11月5日，齐燕铭写信给毛泽东、周恩来，建议将中央人民政府办公厅的办事机构撤销，“所有政府委员会开会及招待宴会典礼等项工作完全由政务院负责办理（过去因政府办公厅人少，遇事也是要政务院协助）。这样人力可大大精简，工作也不至误事。尤其最近办公厅拟迁出南海搬到政务院一起办公，为了住房的节省，这一改变尤有必要。”这个建议很快得到毛泽东、周恩来的同意，并付诸实行。

周恩来还曾给齐燕铭写信，对他敢于提出建议，予以表扬和鼓励。“燕铭同志：来信所提各项，启发甚多，证明你并未为事务技术所纠缠，望以后多多提议，想到即说，是有助于工作的开展不浅。所提事，容与各常委面商，见面时当有以会报。专复，即致敬礼！周恩来八．六”。周恩来这封用毛笔书写的回信，齐燕铭一直珍藏着，借以鼓励和鞭策自己。

1950年在政务院秘书厅工作的马永顺同志说：“燕铭同志长期在周总理直接领导下工作，耳濡目染，在他身上有许多周总理高尚品质和优良作风的影子，如对党对人民事业忠心耿耿、任劳任怨、极端负责、一丝不苟、精益求精等。”

齐燕铭家，夫妻二人和五个儿女全家共七口人，可是从建国前到五十年代，一家人很少能团聚。妻子在天津师范学院当院长。大女儿翔延在部队做机要工作很少能回家。二女儿翔安在沈阳医大上学，只有寒暑假才能回京。两个小女儿小慧、翔英和一个儿子都在上学，平时住校，节假日回家。所以，家中

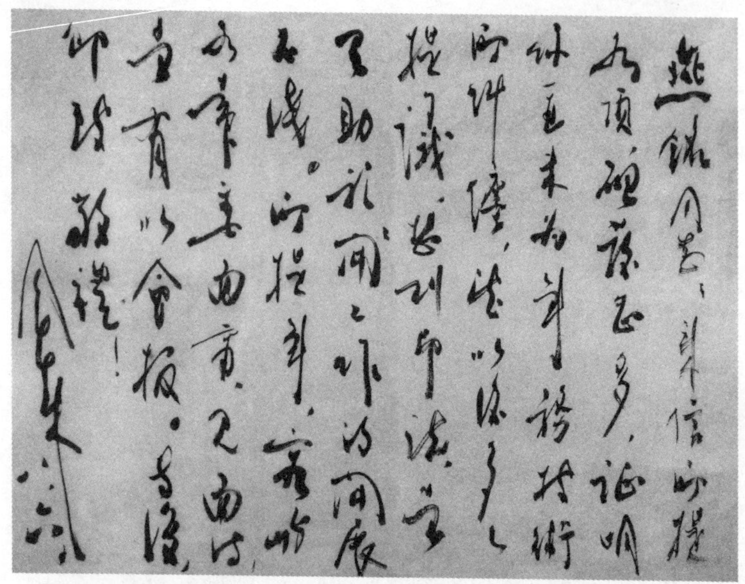

周总理给齐燕铭的信，对他敢于提出建议予以表扬鼓励

只有齐燕铭一人，无人照顾他的生活，只有公务员帮助打扫卫生。他工作又非常忙。他的秘书张可凡回忆说，他的办公室“简直像个作战部，电话铃响个不停，公文如雪片”，“日以继夜，废寝忘食，承办总理交办的事项，大到国务院大政方针，小至菜单、请柬名次”。当时他的儿女们到中南海来看他的时候，常常是秘书安排到食堂去吃饭，连见到他和他说话的时间都极少。

## （二）政权建设中的统战工作

1．中央人民政府办公厅统战小组

建国初期，在政府领导人中有许多民主党派和非党人士，例如，中华人民共和国副主席有宋庆龄、李济深、张澜，政务院副总理有黄炎培、郭沫若，中央人民政府委员中有章伯钧、马叙伦、马寅初、陈嘉庚、何香凝、许德珩等十多人，部长中司法部、邮电部、轻工部、水利部、纺织部、教育部、文化部的部长都是非党人士，副部长、司局长中的民主党派、非党人士就更多了。当时，中央人民政府32个部委的正副负责人中，民主人士约占百分之四十三。在党与非党人士的合作共事中，有许多新的问题需要研究。为了使他们有职有权，能与共产党肝胆相照，共同治理国家，1952年，根据周恩来总理的指示，在中央人民政府办公厅内成立一个统战小组。齐燕铭同志要沙里同志担任小组秘书，帮助他定期召开会议，做记录并与小组成员联系。遇有问题，齐燕铭同志随时加以解决，以利调整关系；对重大的问题，他就向周总理报告。所以，无论工作多忙，统战小组的会议他从来是按期召开的。时任齐燕铭同志秘书的张可凡同志回忆说：我每天送燕铭同志批阅的文件中总有一个“统战”专卷，这类文件数年下来总有数百件，有的是总理、副总理批转下来的，有的是民主人士自己找燕铭的，他都耐心地一一交待有关部门妥善处理。

2．国务院建文史馆、参事室

1951年6月26日，毛泽东在符定一致他询问成立文史馆问题的来信上批示：“请燕铭同志办，生计太困难者，先行救济，不使挨饿。”齐燕铭接到批示后，立即着手办理。一个多月后的7月29日，中央人民政府政务院文史研究馆即正式宣告成立，符定一任馆长，叶恭绰、柳亚子、章士钊任副馆长，齐白石、陈云浩、潘龄皋、陈半丁、萧龙友等26人为馆员。

管易文同志回忆说：1956年，我被任命为国务院参事，齐燕铭同志当时直接领导参事室工作。每次组织参事去各省市调查研究了解下情，行前，他具体地给我们指导，回京后向总理汇报，除特殊情况外他必参加。在与民主人士共事方面，燕铭同志以他的谦逊、坦诚、礼貌和尊重，赢得了朋友和同志们对他的亲近和信赖，真正做到了推心置腹、肝胆相照。几十年来，我在统战工作方面能有一些收获，是和齐燕铭同志的言传身教分不开的。1957年夏安排沈钧儒、胡愈之、曹禺等几位著名人士到京郊小汤山疗养，由我陪同。齐燕铭同志考虑十分周到，临行前一再叮嘱，照顾好这几位党的老朋友。尽管燕铭同志工作很忙，还几次抽时间赶来看望，精诚所至，沈老等深为感动，称谢不已。

国务院建文史馆、参事室，安排了不少民主人士参与工作，对开展统战工作、发挥党外人士的作用，起到非常好的效果。

3．经手处理统战工作的几个实例

南京和平谈判代表最后与国民党政府决裂，他们受到了人民的欢迎，新中国成立后，都给他们安排了较高的职务。作为政务院副秘书长的齐燕铭，对他们礼遇有加，尊敬如故，给他们分别安排公馆，配备汽车和勤务人员，发放薪酬。齐燕铭还指示秘书厅派专人（夏杰）安排他们看文件。到了冬天，怕这些老人空着肚子回家受凉，在政务院会议厅旁边小餐厅备有便餐小火锅，吃暖和了再回家，可见齐燕铭办事周到细致的作风。

毛主席和国家领导人接见达赖、班禅（前排左起：李维汉、黄炎培、张澜、宋庆龄、班禅、毛泽东、达赖、刘少奇、李济深、郭沫若、陈叔通，后排右起余心清、齐燕铭）

1952年土地改革中，一些农民向龙云将军提出要求退赔。这是一项政策性很强但又十分棘手的问题，既要维护贫下中农的利益，又不能影响与同盟者的团结。单纯的退让是达不到目的的。齐燕铭多次找当事人谈话，在深入细致的思想工作基础上，他采取了算细账的办法，对每一笔数字，他都亲自核对，坚持实事求是，剔除计算中不合理的成分，做到有理、有据、有节。在整个事件的调查过程中，他始终做到了既态度鲜明、立场坚定，又贯彻了统一战线的政策，从团结的愿望出发，经过批评说服达到新的团结。经过将近一年的耐心工作，在周恩来总理、邓小平副总理的直接领导下，终于妥善地处理了这件土改中的大案子，使要求退赔的农民和龙云将军都心悦诚服，感到满意。

周总理常委托齐燕铭去见一些统一战线上的头面人物。这些人士要见总理，往往先要找他。见这个，见那个，拜访这位，拜访那位，这方面的工作做得不少，如拜访宋庆龄副委员长等。文化方面，既是总理关心的，也是齐燕铭的专长；总理接触的面广，他联系的面也非常广泛，这方面他是内行。有时总理自己见这些人时也带他一起去，例如去见齐白石、程砚秋等。程砚秋当日不在家，未见着，次日，程砚秋到中南海找到他，两人竟谈了一天，后来，他又带程砚秋去见了总理。

张可凡说，送他阅批的“统战”专卷中还有许多杂务，如白石老人房屋修缮以及其子女间财产纠纷问题，郭老家庭纠纷和送夫人去南方疗养问题，龙云公馆修缮时发现一包鸦片烟如何处理问题，武汉辛亥首义老人待遇问题，先烈子女安排问题，熊十力老人南京房屋问题，符定一老人房产问题，还有某某人在土改中涉及立场问题、某某人公馆警卫问题，等等。他都不厌其烦，妥善处理。

4．与民主人士结下深厚友谊

协助周总理抓统战工作是他的一项重要任务，正如孙起孟（原人大常委会副委员长）说：共产党做统战工作，需要有好的作风，统战工作作风是党风的一个重要方面，在这方面，燕铭同志堪称表率。他是很有原则的人，那时，各种各样的人他都

1961年2月8日宋庆龄副主席给王光美同志写信，谈到齐燕铭与他谈房子的事（刊1981年6月29日《工人日报》）

亲爱的光美同志：

你给我的信，已经收到了。谢谢你对我健康的关心！

关于北京西河沿我住的房子问题，前两天齐燕铭同志来沪时，曾和我谈及此事。该房子去年因新修好即迁进，比较潮湿一些。经过一段时间，我想今年恐不致象去年那样潮湿了。现在国家正在建设时期，在在需款，如另外建造房子，又需费一笔款。为了我个人的住所增加国家的开支，这样，将使我感到很不安。故我不打算再迁新址了。你和刘主席在百忙中对我这样亲切的关心，使我十分感激！

我的感冒已经好多了。但尊麻疹仍常发。关节炎症因天气转冷故较前为痛。我想，天气转暖后会好些，请释锦念。

北京因气候多变，希望你和刘主席顺时珍重！

尚复　并祝

春节康乐！

刘主席均此致意

宋庆龄

一九六一年二月八日

林伯渠给齐燕铭写信，指示访问宋副主席时所谈事项要接触到，要做好统战工作很不容易。他既有严肃的原则性，也有极大的灵活性。他在团结人方面，很值得学习，五湖四海，他是做到了。沙里同志说，他一直从事知识界的统战工作，交友广且相知甚深，主要他自己也是一位知识渊博而且在多方面有较深造诣的高级知识分子，因此在各民主党派和知识界有很高的威望。

长期担任他秘书的朱雨滋同志回忆说，燕铭同志十分注意统战工作。他长期在周总理身边，和很多党外的老领导老同志(如宋庆龄、许德珩、陈叔通、胡厥文、胡子昂、张治中、傅作义、屈武、王昆仑、楚图南、雷洁琼等）都比较熟悉，并在长期交往中结下了深情厚谊。他对党外老领导老同志非常尊重，热情、坦率、真诚，加之他博学多才，对历史、文学、金石篆刻、书法等颇为爱好，相互间共同语言较多，很多老同志有什么心里话也愿意和他深谈，真可谓“肝胆相照”。从1960年11月至1965年6月，他与陈叔老就至少交谈过18次。“文化大革命”前，宋庆龄副主席逢年过节，常常请他去家中便餐漫谈。“文化大革命”后，他为了庆祝中国福利会成立40周年的问题，曾于1978年5月7日、12日两次拜访了宋庆龄副主席，并于6月11日至23日受宋副主席的委托，专程到上海参加了中国福利会成立40周年的庆祝活动。事后宋副主席来信感谢他：“齐燕铭同志，感谢您在中国福利会成立四十周年时候主持了大会。留了一些庆祝中福会四十周年定的蛋糕，赠给你。此致，敬礼。宋庆龄。”四个多月以后，齐燕铭去世了，八十五岁高龄的宋副主席亲自参加了他的追悼会。齐燕铭的女儿齐翔安说：九三学社88岁的老前辈许德珩副委员长，参加完父亲追悼会后，又亲自来看望母亲，说了许多痛惜和赞扬父亲的话。原国民党革命委员会主席李济深（1959年已去世）的夫人，在父亲去世时，还写信给母亲说，父亲对她先夫和全家在生活方面给予的关怀和照顾，是她和她的子女永远不会忘怀的。

朱雨滋同志说：1960年后，燕铭同志任文化部党组书记、副部长。他广泛团结党内外的文化工作者，努力执行党的文艺路线，贯彻“百花齐放，百家争鸣”的方针，为发展和繁荣我国的文化事业做出了显着的成绩。从1960年8月至1962年12月的不完全记载，燕铭同志曾先后与文化界的梅兰芳、马连良、周信芳、欧阳予倩、盖叫天、曹禺、尚小云、俞振飞、言慧珠、袁世海、红线女、袁雪芬等40多位著名人士进行过交谈，从各个侧面了解文化界的情况，探讨文化工作中的问题，求教改进的办法。他与文化界同志那种深夜畅谈、促膝谈心、直抒已见、无拘无束的情景，实在令人难忘。

1963年12月19日，齐燕铭在广州养病期间去看望邝健廉（红线女）同志。邝请齐燕铭去看她主演的《李香君》，并请他对该剧提出意见。25日晚，齐燕铭去看了红线女的演出。为了考虑对此剧的意见，他特意到广州中山图书馆查阅了剧中人物杨文聪（龙友）、侯方域（朝宗）等的史料。他对红线女谈了自己的意见，红线女受到启发，非常高兴。这件事，反映了齐燕铭对工作极端负责、一丝不苟的精神，即使在外出差养病期间，

50年代初的齐燕铭

为了对一个戏发表一点意见，也要在事前进行认真的准备。

沙里同志还说，燕铭同志逝世前的几个月，病情已经恶化，他自己也开玩笑说他自己“心坏、肾缺、胃切”。医生曾多次劝他停止工作，他总是不听，还是拼命地干。10月9日余心清（原任政务院机关事务管理局局长，燕铭同志长期共事的党外战友）的骨灰安放仪式，是他主动要从医院里出来主持的。他为悼词定稿，一字一句地亲自修改。我们很理解他的心情，是出于对林彪、“四人帮”的无比愤恨，是出于对老朋友的无限哀思。在十年浩劫血雨腥风的日子里，“忍看朋辈成新鬼，几多知友化沙公”，余心老不过是几多朋辈、知友之一罢了。他再也沉默不住了。但万万没有想到，在他怒斥“四人帮”、沉痛悼念余心老并为其主持骨灰安放仪式后，生命只留给他11天的时间了。

齐燕铭能成为一名优秀的统战工作者是与周总理的言传身教分不开的，下面是他回忆周总理做统战工作的几个事例。

周总理一生模范地贯彻执行党的统一战线的方针政策，对于爱国民主人士，给予真诚的团结、支持、帮助、教育和关怀。1945年国共谈判期间，他耐心地工作，使他们逐步认清蒋介石的真面目，丢掉幻想，与人民站在一起。在1946年全国内战爆发前夕，他们面临危险时，总理早已派人到香港作了安排，陆续分批把他们护送走，保护起来。建国前夕，又一批批把他们从香港、国外或解放区迎接到北京，参加新政协，参与建国大业。对于在抗日战争中、解放战争中、土地革命中、人民革命斗争中，曾经帮助革命、为人民做过好事的爱国民主人士、少数民族和海外侨胞的代表人物以及起义人员，总理都仔细研究照顾和安排他们的工作。在政府机关担任领导的，使他们有职有权，吸收他们好的建议，尽量发挥他们的作用，同时在生活上无微不至地关怀他们，真正体现了“肝胆相照，荣辱与共”的精神。

建国以后，政务会议组成21人中，党外人士占11名，每周开会讨论，通过各项法案，周总理总是让党外人士畅所欲言，有好的意见尽量采纳，对错误的意见给予善意的批评，对他们不了解的问题，则做耐心的解释。每次会议六七个小时，有的长达十二小时，结论做出之后，大家心悦诚服。

政府各部的负责人、参事、专员和政协委员的名单，都是经过总理主持拟定的。总理有时想起谁来，常问我们某人的情况如何，在政治运动中表现怎样？总理关心爱国民主人士的学习进步，指示政协秘书处要抓紧学习的组织工作，经常用毛泽东思想和党的政策教育他们、关心他们，真诚与民主人士交朋友，因此与他们结下深厚友谊。1957年反右运动完全出乎总理的预料，他只得想种种办法保护民主人士，保护知识分子。他提出，全国人大代表、政协委员要划右派的，要报国务院批准；不在归国留学人员中划右派；有海外关系的、国外知名的人要划右派，材料要送给他看。他还提出叶恭绰、廖静文、吴祖光等许多人，不要划右派。说他们幼稚没有经验，写个检讨就行了。五九年他即提出，是否有些被划成右派的可以回来了。艾青等人被接回。齐燕铭时时处处学习周总理认真执行党的统一战线政策，细心体会总理的精神，千方百计落实总理统战方面的具体指示。

### （三）政府机关事务管理工作的主要奠基人

从建国初期开始，齐燕铭同志在政务院任副秘书长期间一直分管机关事务管理局的工作，后来机关事务管理局建立分党组，他又兼任分党组书记。

1954年10月31日，在周恩来总理主持下召开会议，决定设立国务院机关事务管理局，列为国务院直属机构，齐燕铭仍以国务院副秘长、国管局分党组书记名义领导国管局的工作。他对国管局的方针任务、工作原则、机构设置、规章制度、工作方法、服务态度、思想作风、国家领导人和高级民主人士生活服务和安全警卫、暑期办公休养、交际接待、宴会庆典、礼品管理、治丧办法、晚会组织以及机关事务工作的改革创新等各方面，都做过精心研究和认真细致的指导。这些工作虽然有的很具体很琐碎，但对政府机关工作顺利进行起到了重要的保障作用，而且对贯彻我党统一战线方针也产生了至关重要的作用。

他非常重视提高机关事务管理局工作人员的思想认识，早在1951年政务院机关事务管理局成立大会上，他就着重谈了对事务工作的认识和要求。他说："对事务工作有的同志不大愿意做，认为同志们看不起管事务的人……。毛主席自己也称为人民勤务员，做人民勤务员，确是要比人民低一头，……做人民勤务员，即是对人民负责，对国家负责，现在我们是为全国最高决策机关服务，是为毛主席、为中央人民政府政务院服务，也就是为全国人民服务，那是最光荣的，因此一点毛病也不能出。比如会场的布置和招待搞不好……就会有很大影响，因为，国家的大政方针在这里决策。"1953年11月在管理局第一次全体干部大会上做报告时，他又强调要正确认识"事务"工作。他说："事务"这两个字大家一听就可怕，好像事务工作就是事务主义。其实，整个国家的管理就是事务管理，就是组织管理，只是有的是组织人的，有的是组织物质的。

1954年3月26日齐燕铭主持管理局科级以上干部会议时还谈到：一、要把业务与政治结合起来。事务工作要体现为政治服务，不能搞成为事务而事务。如不从政治出发，就会变成就

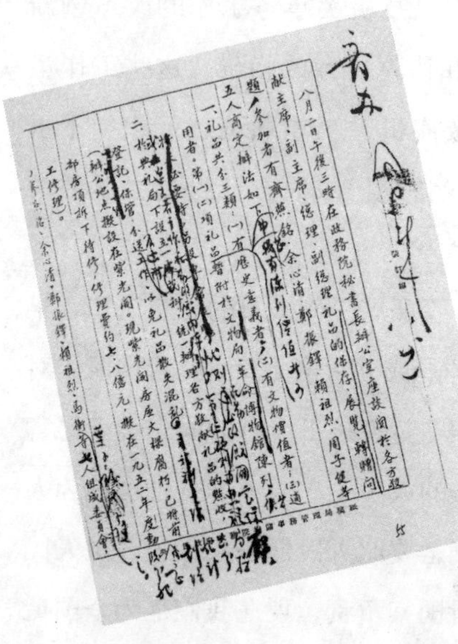

八月二日午後三時在政務院秘書長辦公室座談關於各方贈獻主席、副主席、總理、副總理禮品的保存、展覽、轉贈問題。參加者有齊燕銘、余心清、鄭振鐸、賴祖烈、周子健等五人商定辦法如下：

一、禮品共分三類：(一)有歷史意義者；(二)有文物價值者；(三)適用者。

工作現）。

# 国务院办公厅文件

国办发〔1984〕43号

## 国务院办公厅关于转发国务院机关事务管理局《关于礼品管理中几个具体问题的处理意见》的通知

国务院各部委、各直属机构，各省、自治区、直辖市人民政府：

现将国务院机关事务管理局《关于礼品管理中几个具体问题的处理意见》转发给你们，请国务院各部门遵照执行，各地区参照办理。



一九八四年六月十三日

1951年8月为礼品管理问题周总理在齐燕铭承报文件上的批示

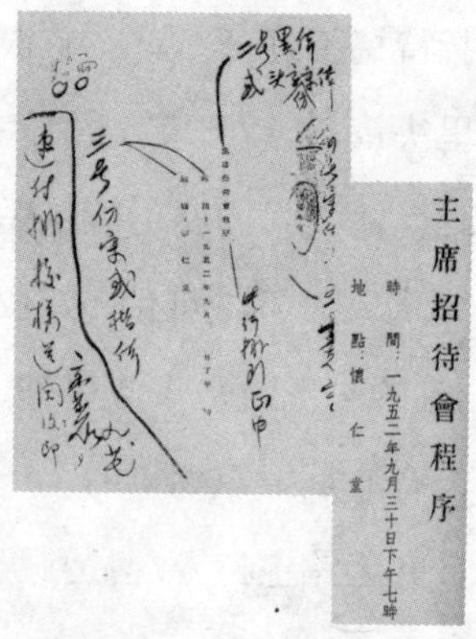

主席招待會程序

時間：一九五二年九月三十日下午七時

地點：懷仁堂

1952年齐燕铭任中央人民政府办公厅秘书长时，对主席招待会程序、席次等文件的批示事论事，按照老经验办事。二、要以国家的地位去做工作，不能小气，要有国家气魄，要以物质的保证去完成国家的政治任务。

齐燕铭亲自参与处理中央国家机关的具体事务工作无法计数，现根据国务院机关事务管理局大事记及总理办公室电话记录举出一些事例：

1951年1月3日，周恩来总理在中南海西花厅会议室召集会议，研究提出整顿北京饭店方案。6月，齐燕铭、杨奇清向周恩来总理报告《关于整顿北京饭店的意见》。

1951年8月2日，齐燕铭召集余心清、郑振铎（文化部副部长兼文物局局长）、周子健、赖祖烈（中共中央办公厅特别会计室主任）开会，研究各方敬献主席、总理礼品保存等问题。

1951年12月1日凌晨，周恩来给齐燕铭写来便函指示："主席今（12月1日下午六时）请下列诸人在颐年堂吃饭，有事相商，务望到会，并发请帖，外加电话通知：李济深、谭平山、蔡廷锴、张澜、沈钧儒、章伯钧、黄炎培、陈叔通、马寅初、郭沫若、马叙伦、沈雁冰。"

1951年12月15日，齐燕铭奉周恩来之命，向毛泽东书面请示："过去两年的元旦，中央人民政府各部门负责人均到勤政殿举行集体庆祝，并会餐看晚会。1952年元旦，为了节约，是否完全停止举行，拟只举行一次简单的会餐，以示庆祝？经报告总理，命向主席请示，即请裁示，以便遵办。"当日，毛泽东批示："仍应举行一次团拜，人数不宜太少，要看一次戏。待与

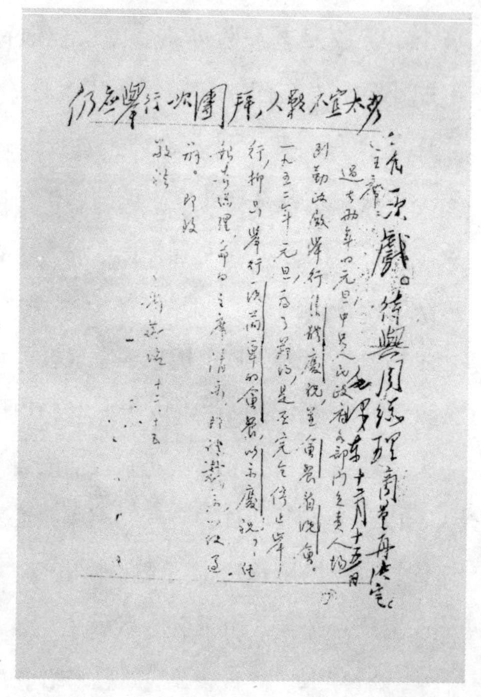
仍应举行一次团拜，人数不宜太多

齐燕铭：待与周总理商量再决定。毛泽东 十二月十五日

主席：

过去两年的元旦中央人民政府各部门负责人均到勤政殿举行集体庆祝，并备有晚会。一九五二年元旦为了节约，是否完全停止举行，抑只举行一次简单的会餐以示庆祝？统候指示。即致

敬礼

齐燕铭 十二、十五

毛主席对齐燕铭关于1952年元旦如何组织庆祝活动请示报告的批示

周总理商量再决定。”

1952年关于丧葬办法，周总理批示：“齐、余再议，并写成文件交阅。”并在《丧葬办法》中作了具体批示。

1952年11月5日，邓小平副总理向毛泽东主席、周恩来总理报告：“关于解决高级民主人士困难问题，遵照主席的指示，由李维汉同志亲自主持开了多次会，拟出了章程和名单，复经我们详细审定，兹呈上请审批。此后，拟由齐燕铭、辛志超、余心清、金城（中央统战部）四人组织一个小组，专管此事。如同意，即照此实行。”13日，周恩来总理批示：“拟予同意，请邓（小平）、李（维汉）办理。”毛泽东主席圈阅同意。齐燕铭

具体组织实施。

1954年4月26日至7月21日，日内瓦会议在瑞士举行。这是一次讨论和平解决朝鲜问题和恢复印度支那和平的国际会议。周恩来总理兼外交部长率中国代表团参加会议。这是建国后我国参加的第一个重要的国际会议。4月15日，齐燕铭拟出包括副总理、政协副主席、政协委员、军委、计委、高法院、高检院、财委、文委、北京市各界人民团体的52个负责人的欢送名单。

1954年9月22日，齐燕铭向周恩来总理报告天安门观礼台台次安排意见。总理作了详细具体的批示。

1954年10月19日，邓小平副总理批准齐燕铭《关于北戴河休养区区划和今后建设问题的初步意见》，并做了具体批示。齐燕铭在国务院会议厅召集建工部、军委办公厅、外交部、秦皇岛市政府等单位负责人会议，传达邓小平副总理关于北戴河休养区区划和今后建设问题的批示精神。

1955年8月31日，国务院发布《关于国家机关工作人员全部实行工资制和改行货币工资制的命令》，附发：《中央国家机关工作人员住用公家宿舍收租暂行办法》、《中央国家机关工作人员宿舍使用公家家具收租暂行办法》、《中央国家机关工作人员宿舍水电收费暂行办法》、《中央国家机关工作人员宿舍取暖补贴暂行办法》和《中央国家机关托儿所的收费暂行办法》。这五个《暂行办法》是在齐燕铭主持下，由国管局负责起草的。

1956年9月25日，邓小平副总理写信给齐燕铭，对庆祝中华人民共和国成立七周年，阅兵和群众游行大会，安排随主席、总理登天安门检阅台的名单作了三点指示：一是“八大”新选的中央委员和候补中央委员今年一律上天安门（以后则可以不上）；二是地方凡省长和政协主席上去，其余副省长、副主席一律不上去；三是所有“八大”的兄弟党代表团一律上天安门，而且要在头一排。

1958年，周总理批示齐燕铭对降低高级干部工资问题进行研究。9月3日，齐燕铭向周总理写了专题报告。之前他曾邀集人事局、劳动部、财政部、中直机关事务管理局、国务院机关事务管理局有关同志进行讨论。报告中提出了降低七级以上干部工资的意见。

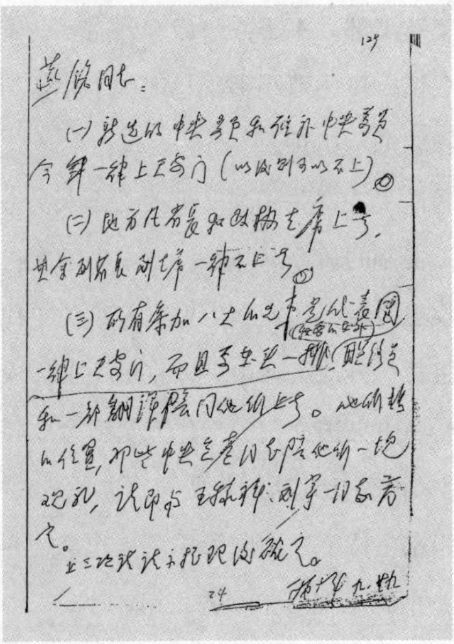
燕铭同志：
(一)新选的中央委员和候补中央委员今年一律上天安门（以后则可以不上）
(二)地方凡省长和政协主席上去，其余副省长副主席一律不上去
(三)所有参加八大的兄弟党代表团一律上天安门，而且要在头一排

邓小平副总理1956年9月25日写给齐燕铭的信，对庆祝中华人民共和国成立七周年安排登天安门检阅台的名单作出指示

1958 年 10 月，齐燕铭、高登榜、李向甫、刘冀平等陪同越南共产党主席胡志明参观国务院机关事务管理局举办的“中央机关事务工作技术文化革命展览”。正中站立者为胡志明主席，其左为齐燕铭

1959 年 1 月 23 日，齐燕铭陪同越南民主共和国主席胡志明参观中央机关事务工作技术文化革命展览会。

1959 年 4 月，第二届全国人民代表大会第一次会议在北京举行。会议选举刘少奇同志担任国家主席，毛泽东同志不再担任国家主席。30 日齐燕铭写报告给中央书记处书记彭真，请示天安门主席台的位次安排意见，经彭真同志同意后，又经周恩来总理、邓小平副总理圈阅同意。

1959 年 4 月 29 日，齐燕铭主持召开国庆十大工程内部设备预算工作会议。会议对国庆工程内部设备预算的范围及有关问题进行了研究，做出了决议，最后由齐燕铭同志批准执行。

1960 年 10 月 28 日，周总理交待齐燕铭为宋庆龄新住宅选址。其后他对选址、设计、施工、验收等工作都参与领导，直到1963年4月1日周总理接宋庆龄搬入新居。

1961年8月1日总理指示：梅兰芳生病的事情，请燕铭同志亲自来抓，要像对待中央负责同志一样，日夜派专人予以护理，千万不要疏忽。

以上列举的都是一些比较重要的具体事务工作。此外他还经常做些更为琐碎的工作，如宴会请柬的设计、晚会的节目安排、机关挂什么牌子，用什么字体写。他从不拒绝做这样的小事，而且都做得一丝不苟、精益求精。熟悉他的人都知道他是才气横溢的文化人，是大知识分子，是想做学问的人。他能甘心情愿，十几年任劳任怨地去做这些事，因为他常常想起周总理的教导："一个党和国家，总要有人做些琐碎具体的工作，我们应当多担负这些工作，让主席腾出时间来考虑更大的问题。"他深深懂得，这些具体的事务工作，也是革命和建设事业不可缺的一部分。

### （四）在国务院期间参与的几件事

1954年9月，全国人民代表大会第一届第一次会议在北京举行。政务院改称国务院，周恩来担任国务院总理，齐燕铭担任国务院副秘书长、代理秘书长。

1．总理办公室的工作

10月31日，在周总理主持召开的国务院第二次全体会议上，齐燕铭又被任命为总理办公室主任。他根据周恩来关于工作效率要高的指示，对总理办公室主任、副主任、组长、秘书

1957年10月27日，周总理、邓颖超与总理办公室工作人员合影。(一排左起：戚剑南、杨纯、刘昂、周恩来、邓颖超、陈浩、赵炜、成元功。二排左起：李岩、姚力、韦明、张彦、康英、许明、张元。三排左起：王甲芝、周研森、赵茂峰、刘英俊、马列、齐燕铭、陈启贤。四排左起：周家鼎、邓东来、陈士伦、孙岳。五排左起：顾明、牛树峰、浦寿昌、何谦、王海青、邓光、张启智)

的业务工作都进行了明确分工，减少了层次，要求他们各管一个或几个方面，分别直接与总理联系，接受指示，汇报工作。主任、副主任除有自己的分工外，还要负责全室行政上的调度、协调、组织和相互之间的通气等，使全室工作紧张高效、井井有条。他对总理办公室的秘书、警卫和清洁工的工作也都很关心。他对于总理办公室的建设是很有贡献的。

1957年10月27日，总理办公室主任齐燕铭与该室工作人员合影

2．宪法起草工作

1954年9月20日，第一届全国人民代表大会第一次会议经表决正式通过了《中华人民共和国宪法》。之前，齐燕铭作为宪法起草委员会办公室的副秘书长参与了宪法的起草工作。

宪法起草委员会办公室成立后，紧张细致地开展了各项工作，如邀请各民主党派团体及各界民主人士500多人分组讨论宪法草案初稿，提出意见及疑问3900多条；组织各大行政区、各省、自治区、直辖市、广泛对宪法初稿热烈讨论，参加者7000多人，提出意见和疑问达2900多条。所有的意见均由办公室负责收集、汇总、整理。

3．人民群众信访工作

齐燕铭虽然不直接领导机关的信访工作，但他对这个广大

1954年9月，中央人民政府委员会第34次会议举手通过《中华人民共和国宪法（草案)》。中央人民政府办公厅秘书长齐燕铭站在会场右侧点票

人民群众与政府相联系的“渠道”十分重视。他在百忙中曾多次根据信访室综合反映的问题，召集国务院有关部门研究解决办法，直接听取信访室负责同志下去实地调查处理问题的汇报，还曾以自己的名义直接向周总理报告信访中反映的问题。他经常审批办理人民群众给总理和国务院的重要来信，对涉及人民疾苦的来信来访尤为关心。1959年春季，群众反映山东省部分县市缺粮、食堂停伙的问题。齐燕铭于4月22日专题向周总理写了报告，详细分析了地方缺粮、经群众反映后省委仍未解决问题的原因后，强调指出：从山东馆陶事件中反映出下边干部弄虚作假的情况不少，有的还很严重。以下是报告的摘记：

总理：

山东省部分县市缺粮、食堂停伙的问题，先从馆陶县发现。缺粮的严重情况，原先省委并不知道，县和公社都没有向上级报告过，社干部禁止群众向上级反映，群众迫不得已才由复员军人赵书国到北京来（这种情形几个省都有过）。后来，国务院秘书厅将群众来访的情况转去后，省委才重视起来，立即派负责同志前往解决。值得注意的是，省委查问的时候，县社干部还去下边追究"谁去中央告状的？"……

山东省委认真了解馆陶县的缺粮情况，也采取了措施，发了指示，并要求全省引起注意，全面安排生活问题。元月16省委专门向中央做了报告。但是，问题并没有很好解决，相反的到处搞起反瞒产斗争。从元月以来直到4月初，国务院收到的人民来信和我们下放去山东平原整社干部来

齐燕铭在砖塔胡同的家里办公

信中都反映了这种情况，山东省委报告的精神和措施，各县并没有贯彻执行。……

最后他又写道，山东省缺粮问题的发生和发展的情况，反映出一些值得注意的问题。首先是缺粮停伙的情况反映不上来，群众意见不敢讲，也不到省上去反映，偷偷地到中央来。其次，地方领导机关不了解民情，心中无数……。这里又反映出我们工作方法上的另一个问题，是先安排生活，使群众安定下来，再启发群众拿出粮食呢？还是押住粮食，硬逼群众瞒报粮呢？是采取调查研究，弄清情况，分析原因，然后提出解决办法，还是“听着风就是雨”，一说有就硬逼呢？从这次事件中，反映出下边干部弄虚作假的情况不少，有的还很严重。值得研究的是，县、地以至省的工作方法和作风问题，特别是他们给下边干部的影响。

总之，从山东缺粮事件中，较突出地反映了一些值得研究和警惕的问题。周总理阅后在齐燕铭的信上批示：“震林同志，你要到山东去。现将一个月前齐燕铭给我的信和一些材料送你一阅。”

当时他能写这样的报告是很难得的。正如吴庆彤同志所说，那时极左思潮泛滥，实事求是反映缺粮、饿死人的问题，是有风险的。齐燕铭不顾个人安危，勇敢地向领导反映实际情况，解决群众困难，这表明他具有坚强的党性。

齐燕铭同志1960年1月调到文化部任职，但他仍然兼任着国务院的工作，如1960年9月总理指示，在习仲勋（时任国务

1954年9月15日，第一届全国人民代表大会第一次会议在中南海怀仁堂隆重召开。周恩来在签到，站立者为齐燕铭

院秘书长）出国期间，要齐燕铭到国务院办公。1962年9月，因康生说《刘志丹》是为高岗翻案，习仲勋同志受牵连被审查，齐燕铭又被任命国务院代秘书长。

吴庆彤同志说，“燕铭同志在政务院、国务院担任副秘书长时，代理秘书长达五年之久，还先后兼任国务院秘书厅主任、总理办公室主任、中国专家局局长等职，十多年如一日，没有假日、节日，不分日夜，一直忘我地为党为民操劳，每天休息时间很少。他是政务院、国务院机关最忙最辛苦的人之一，第一是周总理，第二就是燕铭同志。”

原全国政协秘书局局长马永顺同志说：“1950年，我被调到政务院秘书厅，开始在他的领导下工作，长达10多年，在我们这些年轻人的眼里，他是大领导、大知识分子，可是他身上没有那种高高在上、盛气凌人的‘派头’，而是平易近人，对下级对同志诚恳热情、虚心倾听意见，支持年轻人的工作，注意培养和提高他们的政治思想素质和工作能力。他整天忙得不可开交，总理、副总理、秘书长经常找他，各机关要协调的事情经常找他，社会上的知名人士经常找他，每天的来往文电源源不断地堆在他的桌上。

燕铭同志还有一个最大的特点，就是交代任务时，既告诉基本原则，又交代具体方法。而他所讲的原则，不会使人觉得如坠云雾，摸不着边际，他所谈的具体方法，也不会使你感到束手束脚，不敢越雷池一步。因此，我们干起工作来，既能掌握总原则总方向，又能放开手脚大胆去做，一旦发生某些纰漏，他总是自己承担责任。

建国初期，机关有相当多新参加工作的青年学生和来自解放区的青年干部。为了提高他们的政治思想和文化知识水平，成立了政务院机关学习委员会，齐燕铭同志在百忙中亲自担任了主任，建立起业余学校，设专职教员和聘请社会知名人士授课。与此同时，齐也很重视在社会实践中锻炼干部，只要有机会，他总是同意年轻同志参加。”

张可凡同志说：“他的工作都是围着总理转。那时总理日理万机。因此，他也是日以继夜，废寝忘食，承办总理交办的事项，大至国务院大政方针，小至菜单及排名次。他每天的工作日程都是排得满满的，我们很少看到他真正的休息，有时看到他开会时打个盹或在汽车里小憩一会。那时他虽然四十多岁，精力充沛，终因劳累过度，1954年发现尿血，后经诊断患了肾癌，手术切除了一个肾。他在北京医院住院时，还要我们把公文送到病房由他批阅。

他生活俭朴、克己奉公、不搞特殊。他初期住勤政殿一间小屋，除了放一张大床和一张办公桌，再也没有其它家具。政务院成立后，搬进民政局宿舍，房屋稍大些，也是陈旧不堪。有一次陈伯达到他的房间，看他的书架说：‘怎么什么书也没有？’燕铭苦涩地说：‘我哪还有时间看书。’他的办公室也是简陋不堪。有次总理进来说：‘燕铭就在这里办公？’我忙回答说：‘是的’。不久燕铭就搬到西花厅前院，可能与此有关。1955年他肾癌手术后才搬出中南海，住进砖塔胡同，才有个

西花厅前院
西侧水榭

中南海西花厅，齐燕铭任政务院（后改国务院）副秘书长、总理办公室主任期间，多年在西花厅西侧水榭旁盟鸥馆办公和生活

西花厅盟鸥馆

像样的家。”

担任过齐燕铭秘书的孙国屏同志说：我是1950年1月从政务院机要处到燕铭同志身边工作的，长年耳闻目睹燕铭同志的思想、品德、工作、生活作风，使我深受教益，终身感念。

在燕铭同志身边工作的九年，深深感觉他的工作很忙。他总是快节奏、满负荷，甚至是超过极限的工作。他很有才华而且勤奋惊人，对来自各方面的事情总是处理得那样有条不紊，忙而不乱。他能很好地协助总理，一般人是很难做到的，他作为总理身边一位得力助手是当之无愧的。

燕铭同志在工作中，总是一切为总理着想，一切为工作着想。政务院初期，燕铭同志晚上办公和住宿都是在西花厅前院的水榭盟鸥馆，总理有事找他很方便。后来他搬到中南海民政局宿舍，距离远了一些，他惟恐总理办公室有事找他，我们总是看到他一路小跑上班，机关同志都喜欢看燕铭同志一路小跑，这是因为他总是想着总理那里可能随时有事情找他。总理都说："燕铭同志总能随叫随到，他的电话可以说是全天候的"。燕铭同志要求我们只要总理找他或要他办事，无论他在开会或办别的事，甚至已经休息也必须随时告诉他。不知有多少个夜晚，都是我悄悄地走近他的卧室，轻轻向他报告，尽管他从熟睡中醒来，也是耐心地听，耐心地交待如何去办。

齐燕铭在中南海工作的这十几年，是他一生中最辛苦也是最幸福的时期，因为他是在伟人周恩来直接领导下工作。总理对他的培养、指导和熏陶，对他的关心、爱护和批评，使他终

50年代末周恩来、陈云和齐燕铭在紫光阁

身受益。正是在这段时期，他的智慧和能力得到最充分的发挥，他的品德和修养得到进一步升华。

4．怀仁堂改建与政协礼堂的建设

齐燕铭还对中央机关其他的会议场所建设付出过心血。1953年5月30日经邓小平副总理批准，任命齐燕铭为政务院房屋管理委员会主任委员。为1954年9月第一届全国人民代表大会第一次会议召开，他出主意，找人设计、改建了怀仁堂，使怀仁堂座位由600个扩建到1200个，还配套了衣帽间、警卫办公室、会议休息室、旁听席。此后中央的许多重要会议都在这里召开。

50年代中期，当时除怀仁堂以外，北京还没有一个可容纳千人以上的大型礼堂。经周总理批准建政协礼堂，齐燕铭于1953年10月20日约集政协全国委员会、政务院房屋管理委员会、中央建工部、都市规划委员会、中央美术学院等部门开会，研究政协礼堂的建筑规模、建筑面积、预算造价、选址、设计及施工单位、工期等问题。政协礼堂1955年竣工，成为当时北京市最有气派的现代化建筑，为政协全国委员会和中央机关提供了很好的活动场所，中国共产党第八次代表大会就是在这里举行的。

这些工作也都是在周总理直接领导下完成的。“文革”期间，齐燕铭被监禁时，还想起了1958年总理曾对他说，主席嫌天安门主席台太高，距离群众太远，问他能否设法降低。于是他精心写了一份“关于改建天安门主席台的初步设想”。写好之后交给了前来探望的家属。家属见他在囹圄之中竟然痴心不改，天真到如此，不禁黯然落泪。当然，这份报告是不可能递上去的。

5．国庆十大工程的建设

1958年9月5日，中共中央书记处召开国庆十周年的筹备会议，决定在北京兴建人民大会堂等十大国庆工程，并确定由齐燕铭具体负责。齐燕铭在周总理的直接领导下，立即同北京市副市长万里等同志一起，紧张地投入工作。从1958年9月至1959年9月，据不完全统计，他和万里等召集有关部门开会达90多次，其中有周总理参加的即达10多次。在这一年左右的时间里，齐燕铭同志不惜付出自己的一切时间精力，认真地学习、

1958年9月，中央决定为建国十周年大庆在北京兴建人民大会堂等十大建筑工程，并确定由齐燕铭具体负责。他在周总理领导下，与北京市副市长万里同志一起立即投入紧张的工作。1958年10月，清华大学土木建筑系为迎接国庆十周年大庆设计改建天安门广场方案。周恩来亲自审查，参加讨论并作出重要指示

钻研和请教，紧密依靠群众，虚心听取科技人员的意见，充分发挥专家的作用，终于比较深透地抓住了问题的关键所在，比较圆满地帮助解决了从设计、施工到内部设备等方面的难题。

万里同志回忆说："人大会堂是在周总理的直接领导指示下建成的，没有周总理的领导指示，不可能完成，我有再大的本事也不行。齐燕铭对人大会堂建设的贡献，除了总理之外，他是第一。比如人大会堂的内部装修，单靠北京市的力量，不可

周恩来总理和齐燕铭、童小鹏听取设计人员汇报人民大会堂的建设方案

能在那么短的时间内完成。我和燕铭同志商量，要把省市的力量调动起来，如果一个省市包一个厅，如福建省包福建厅，上海市包上海厅，人力财力都有了，而且各有特色。报告了总理，总理同意。齐燕铭当时是国务院副秘书长，就找各省市来开会，一个省一个市商量落实。很快，各个省市负责的厅都搞起来了，这是最高明的一着，这一着，齐燕铭是立了大功的。中央有关部委也很支持。比如人大会堂需要什么机械施工，外贸部就设法进口；人大会堂需要大理石，没有国务院的命令，也不可能；人大会堂需要全国最好的施工力量，我当过城市建设部长，对全国施工力量比较了解，报告国务院，调来不少人；为了保证国庆工程的钢材质量，专门设立了钢材质量检查组，不合格的就退回去，大概退回去的有几百吨。这些，没有国务院的支持也不行。”

“人民大会堂刚刚建成的时候，大概是1959年9月，听说毛主席要来大会堂，我和燕铭同志就在这个118室一直等到夜里一点钟，主席来了。那天，毛主席高兴得不得了，看到人民大会堂的大舞台时，在舞台上，毛主席风趣地问：我想在这里吸支烟行不行？我们当然说行。人民大会堂的名字就是毛主席那天夜里定的。开始我们说是不是叫全国人民代表大会常务委员会大会堂或者叫全国人民代表大会常务委员会办公楼，主席问：工人叫什么？我们答：工人叫大会堂。毛主席说：那就在大会堂前面加‘人民’两个字，叫‘人民大会堂’。可惜那天没有准备纸笔，要不，当时主席会答应为人民大会堂题名的。更可惜的是，那天没有通知新华社，没有留下照片，也没有发表消息。……齐燕铭对建设人民大会堂的贡献很大，这是历史性的贡献。”

进入人民大会堂北门，拾级而上，走完60级汉白玉阶梯之后，有一个宽阔的过道，这是步入宴会厅的必经之路。人民大会堂建成后，此处请傅抱石、关山月两位国画大师画了巨幅画《江山如此多娇》装饰在此，很是壮观。周总理还设法请毛主席亲笔为巨画题词，这是唯一由毛主席题词的一幅历史巨作。以金石见长的齐燕铭专门为这幅巨画篆刻一枚“江山如此多娇”的大印章，醒目地盖在巨画上。

60年代的齐燕铭

1952 年齐燕铭夫妇偕子女游颐和园

50年代的全家福

1952年齐燕铭和子女及两个侄女合影

1953年齐燕铭的两个女儿同时考上了留苏预备部，与父母合影留念

50年代齐燕铭夫妇

1956年齐燕铭大病之后搬出中南海，在西四砖塔胡同有了像样的家。这是齐燕铭夫妇与二女儿翔安，其乐融融

50年代齐燕铭工作证上的照片

50年代齐燕铭夫人冯慧德

50年代齐燕铭给吴承仕老师的女儿吴特珍的信

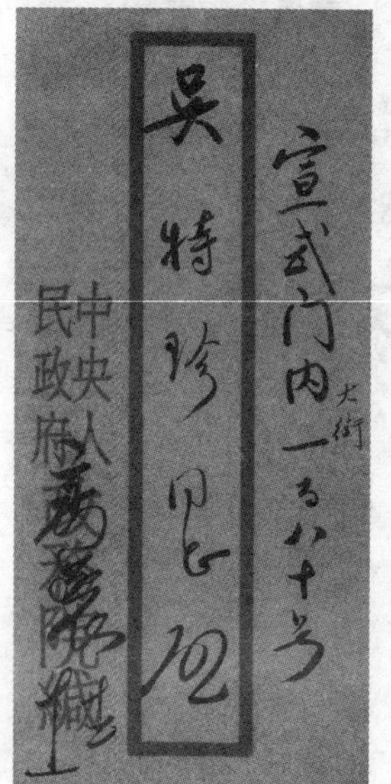


中華人民共和國國務院總理辦公室

# 十、中国专家局
# ——知识分子之家

1956-1958

## （一）制定知识分子政策的依据

1956年是我国全面建设社会主义的历史新阶段。中共“八大”正确提出，国内主要矛盾已不再是工人阶级与资产阶级的矛盾，而是人民群众对于经济文化迅速发展的需要同当前经济文化不能满足人民需要状况之间的矛盾，也就是先进的社会制度同落后的社会生产力之间的矛盾。全国人民的主要任务就是加速生产力的发展，尽快使落后的农业国转变为先进的工业国。

1月份，中央召开了知识分子问题会议。周恩来在会上作了《关于知识分子问题的报告》。他说：在社会主义时代，比以前任何时代都更加需要提高生产技术，充分发展科学和利用科学知识。他首次提出，知识分子已经成为我国各方面生活中的重要因素，他们绝大部分已经是国家工作人员，为社会主义国家服务，已经是工人阶级的一部分。为了加速社会主义建设的任务，必须依靠知识分子的积极劳动，充分调动他们的积极性，特别是现在世界上新的科学技术革命正在迅猛地发展，他号召

1959 年第二届全国人民代表大会代表证上的照片

“向现代科学技术大进军”。努力改变我国在经济、科学文化上的落后面貌。迅速达到世界的先进水平。同时指出，目前对知识分子的使用和待遇都有一些不合理的现象，妨碍了知识分子力量的充分发挥。所以，应该改善对他们的使用和安排，发挥他们的专长。对知识分子给以应有的信任与支持，为他们提供必要的工作条件和适当的待遇。会议最后一天，毛泽东讲话，提出，技术革命、文化革命，革愚蠢无知的命。没有知识分子是不行的，单靠老粗是不行的。中国应该有大批的知识分子。他

50年代末，齐燕铭在砖塔胡同住宅院内

号召全党努力学习科学知识，同党外知识分子团结一致，为迅速赶上世界科学先进水平而奋斗。

我国制定了十二年科学发展的远景规划。争取12年后使我国最急需的科学部门能接近世界先进水平。这时，正确的知识分子政策已经奠定，关键是要使政策落实。

## （二）为落实知识分子政策成立中国专家局（国务院专家局）

1956年5月11日，在周总理主持召开的国务院第二十八次全体会议上，提出成立专家局问题，齐燕铭到会作了说明。经过讨论，会议通过了向全国人大常委会提出的《关于批准国务院设立专家局的议案》。5月12日，全国人大常委会第四十次会议批准设立专家局，专家局作为国务院直属机构，专管知识分子工作，是具有开创意义的。专家局作为一个权威机构，有权直接处理知识分子问题和协调各部门的关系，以便更好地贯彻落实知识分子政策。

1956年10月，齐燕铭兼任国务院专家局局长。此后，他很快拟订了《国务院专家局组织简则》和《国务院专家局1956年下半年工作计划要点》，报请国务院审批。1956年10月17日，国务院常务会议批准了《简则》和《计划要点》。

《简则》的主要内容是：国务院专家局在国务院领导下，负责督促检查各部门对于专家和其他高级知识分子的政策、法令的贯彻执行；负责解决需要统一处理的有关专家和其它高级知识分子的问题。

《工作计划要点》：（一）检查对各级知识分子使用不当的情况，推动调整工作的进行。（二）进一步改善高级知识分子的工作条件。（三）调查研究关于对知识分子的信任和关系方面存在的问题，提出改进意见。（四）调查了解高教、科学、卫生和工矿企业各系统高级知识分子工资改革、医疗、物质待遇等方面存在的问题，推动有关部门解决。（五）做好招聘工作和研究社会上高级知识分子的就业问题。

原专家局干部郭方同志回忆说："当时齐燕铭同志已身兼国务院副秘书长和中央统战部副部长等要职，工作十分繁重。他服从党中央的决定和工作需要，又挑起创建中国专家局的重担，他从零起步边筹建边工作，进展迅速。记得一开始只有张可凡同志一人帮他，后来把我调去帮助筹建工作。对我们两位青年人，他大胆使用，热情培养，直接安排，言传身教，受益无穷。他办事敏捷，目光深远，知识渊博，知人善任；他强调筹建专家局机构要精简，干部要精兵强将。调干部来一个，顶一个，边调人边工作；在人未调齐、牌子未挂时，工作已迅速展开。这种不讲形式，不摆架子，不讲排场，只讲工作实效的作风给我们留下非常深刻的印象，也大大激发我们年轻人积极向上为党尽心工作、不图虚名的自觉性。此后全局也不过二十多人，局长级配备很强，常务副局长赵守攻同志是新疆宣传部长，还有中宣部于光远同志，民盟的费孝通同志和民进的雷洁琼同志；后来又加上侯亢同志。他们都是党内外知名的人士，中国知识界的权威。中国专家局只设一个办公室，两三个组，一个管国内高级知识分子，一个管在国外的留学生，每个组的干部不过三四个人。主要围绕几位局长的工作当助手。不设处也不设科，不分层次，灵活安排工作。每周齐燕铭同志到局开几次办公会，全局一起汇报工作，他边听汇报，边作决定，边批文件，上下级毫无阻隔，一竿插到底，全局办公效率极高。局虽小但作用却很大。

中国专家局1956年成立，1958年并入国家科委，虽然只有两年历史，但在齐燕铭同志领导下，成功地开辟出一条建立壮大新中国知识分子队伍的捷径，为今天科教兴国打下扎实的基础。”

张可凡同志回忆说：齐燕铭在任专家局长二年多期间

于光远两度与齐燕铭同事。1956年全国人大常委会第十次会议批准设立专家局，作为国务院直属机构，齐燕铭兼专家局局长，于光远任副局长。1975年10月16日，齐燕铭被任命为国家计委经济研究所顾问，于光远为该所所长

(1956—1958)，主要做了这样几件事：

(1) 以统战的观点建设领导班子，办事机构配备少而精的班子。成立之初，中组部来人与燕铭同志商谈干部配备问题，齐燕铭提出人数要少而精，文化水平起码要高中以上的。

(2) 1956年下半年首先抓调查研究，赵守攻去福建，费孝通、郭方去西南，袁青、张可凡去上海、江西、湖北、湖南，中宣部科研处郑必坚也参加了调查，各组回来都写了调查报告。许多知识分子反映：有些人学非所用，有些知名人士兼职过多，一些专家的工作条件太差，希望对学术问题的争论应充分讲理，

不要粗暴地扣帽子、打棍子，等等。

(3) 督促检查知识分子政策落实情况，推广好的工作经验。

(4) 首次提出公开招聘社会上有专长的待业人员。此项工作因受中央编委的抵制，因而搁浅，但公开招聘的作法未尝不是开今日人才交流之先河。

(5) 争取尚在资本主义国家（主要是美国）留学生归国工作。1957年5月30日，国务院批转了《国务院专家局关于1957年争取还在资本主义国家的留学生回国工作计划报告》。报告提出争取的重点是那些国内迫切需要而有用的人才，并以在美国的为主。首先应争取那些学术水平较高和有地位的科学家、学者或有代表性的人物回国。《报告》说争取还在资本主义国家留学生回国政策，会在国内外产生积极的影响。1956年有161名留学生从资本主义国家回国。目前还在资本主义国家的留学生中获有学位和学术水平较高的约有5000余人。原国务院专家局留学生处处长杜质彬回忆说："对争取工作，中央十分重视，北京、上海、广州成立了留美学生家属联谊会，北京会长是茅以升，1957年5月北京召开了留美归国学生及留美学生家属联欢晚会，我和齐燕铭同志一起参加（在北京饭店），周总理到会讲话，他不用讲稿，讲了三个小时，到会者受到极大的鼓舞。

一些重要人物的争取，都是经齐燕铭同志报总理后执行的，如对杨振宁等。还派了一些教授、专家出国进行争取工作，有张文裕、黄昆等。钱学森的回国是多方面与美国斗争的结果。

经过几年的争取工作，大约有300人回国，主要是从美国

50年代末，齐燕铭夫妇与二女儿齐翔安（砖塔胡同住宅内）

50年代末，齐燕铭夫妇摄于砖塔胡同住宅

1954年，齐燕铭夫妇与女儿、女婿和儿子。前排左起：申仲义、齐燕铭、齐小鲁、吕国蔚；后排左起：齐翔安、冯慧德、齐翔英

1959年齐燕铭的大女儿、三女儿留学归来，三姐妹在北京西四砖塔胡同33号院内合影。（左起：齐翔延、齐翔安、齐小慧）

回来的，大部分分配到中国科学院重要学术研究岗位，如郭永怀、林兰英等，为中国的高科技事业做出不小的贡献。

燕铭同志还亲自到高教部招待所看望归国留学生。当时他们几个人住一间房，冬天自己也不会生火，生活狼狈不堪。又听取了他们对分配工作的意见，此后立即向中央写了报告。燕铭同志还立即将前门永安饭店拨给留学生用，并调配一辆汽车。后来又在西苑饭店拨一栋楼归留学生使用。在1957年“反右”斗争中，齐燕铭与赵守攻商量后向中央建议，不在归国留学生中划右派，这个意见得到当时中央总书记邓小平同志同意，并向全国发了通知。这项政策很重要，可谓功德无量，并值得载入保护知识分子史册，否则不知多少人要被划成右派。专家局做了一件大好事，齐燕铭功不可没。

1957年10月28日，国务院批转专家局《关于提请各单位在整改阶段注意进一步改善高级知识分子工作条件的报告》。《报告》建议在图书、资料、仪器、试剂以及提供助手和保证每周六分之五的业务时间等方面改善高级知识分子的工作条件。并提出，对于有特殊专长的高级专家，如目前用非所长必须调整，而在本系统（各部）、本地区（各省市）之内又调整不了的，可以提交国务院专家局协助调整；各单位如缺少某种高级专门人才亦向专家局提出，以便从其它单位商调，或从资本主义国家回国留学生和回国的科学工作者中选择。

在齐燕铭掌管下的专家局，上有总理的关注（如组织杨振宁之父杨武之教授出国与杨振宁相晤的安排），旁有副局长于光远、费孝通、雷洁琼参与和策划，又有富有经验的副局长赵守攻带的精干班子，使全局工作有理想、有策略、有步骤、朝气蓬勃，在知识界享有权威和影响，专家来信来访接踵而至，都抱有热切的希望。专家局好像知识分子的家。

通过昆明、成都的调查研究，费孝通写出了《知识分子的早春天气》一文，在《人民日报》发表，海内外震动很大。它真实地反映了知识分子的情况，还预示春天必将到来。得到了普遍的好评。齐燕铭对费孝通说，文章写得如诗一样美。赵守功局长也认为文章写得好。没想到1957年反右派运动中，这篇文章被说成是向党进攻的信号，费孝通被打成右派，成为全国批判的对象。这时专家局也只好应急跟上，由组织布置发言开批判会。批判会还要发新闻稿，后来《光明日报》还登了一篇由别人执笔用齐燕铭的名义发的文章，可以说，这是专家局的最后一次全体大会。从此后就不再搞业务了。匆匆结束了国务院专家局的使命。1958年，专家局并入国家科委，后又改为国家科学技术干部局。其隶属关系、领导班子和机构性质都发生了根本变化，这也反映了指导思想和政策的变化。

此后专家局工作虽然齐燕铭不再兼管，但他对高级知识分子的问题还是很关心的。1960年初，国家经济情况十分困难，为了对北京高级干部和高级知识分子在副食品供应方面给予照顾，7月30日他向中共中央报送了《关于在京高级干部和高级知识分子在副食品供应方面给予照顾的报告》，中共中央书记处8月1日向在京各部门批转此报告。1961年7月13日中共中央书记处邓小平同志提出："应千方百计把科技专家、教授生活搞好，不光解决个人，还要解决他们一家的问题，人同此心"。10月27日中央书记处会议讨论决定："关于改善在京科学家、艺术家和著名教授的副食品补助供应问题，由齐燕铭同志负责，成立办公机构，开列名单，制定办法，由国家拨出专款，专门解决。"齐燕铭很快写出报告，中央批示后立即付诸实施。为了解决副食品供应问题，他还与东北、内蒙等各地联系，请求支援，调来榛子、黄羊等物资以解燃眉之急。他始终心系知识分子，希望能为他们服务，让他们为祖国建设做出更多贡献。

## 十一、文化部
## ——最热爱、最倾心的事业

1960-1965

1958年，文化部副部长钱俊瑞向周总理提出，希望能派齐燕铭到文化部帮助工作。最初总理不同意，后来答应让他兼管部分文化部的工作，只管文博、出版、戏曲，主要精力仍放在国务院。

1960年年初，作为文化部党组成员，齐燕铭开始介入文化部的工作，2月份被任命为文化部副部长。3月份，钱俊瑞调离

齐燕铭陪同陈毅参加中央音乐学院院庆纪念会。（前排右起：第三人为齐燕铭，第四人为陈毅，第六人为周扬）

后，又任命他兼文化部党组书记。此后，他实际上主持文化部的工作，挑起了文化部这付重担。他向来对组织分配的工作都会认真去完成。多年来工作都能顺利完成，所以他也比较自信，认为凡党交给他的工作一定可以做好。

到文化部以后，他还是首先抓调查研究，了解情况，使自己心中有数。他参加文博口的会议，到各出版单位深入了解具体问题，与戏曲研究院、剧团的领导、编剧、演员开座谈会，促膝谈心，听取他们的意见、建议和诉求，征求他们对于改进工作的想法。他充分发挥在文化界广交朋友的优势，在这一基础上，团结文化部的领导班子，召开一系列会议，总结经验，找出文化工作中的规律，制订了一系列的条例和规章制度，使工作有章可循，各方面逐步走上正轨。这一时期，他或参与或领导制订了《文物保护管理暂行条例》、《第一批全国重点文物保护单位名单》、《文艺八条》、《电影工作三十二条》、《剧院（团）

工作条例（十条）》、《关于话剧院（团）艺术生产问题的意见（草案）》，等等。这批条例、规章的制订，是恢复实事求是、一切从实际出发正确思想路线的产物。这些规章制度对搞好文化工作起了重要作用。

### （一）保护文物

齐燕铭一直把保护和拯救中华文化遗产，当作自己义不容辞的责任和义务。早在50年代初，他就十分关注这项事业。他曾关心十三陵地宫的发掘，也曾关注北京荣宝斋的公私合营以及对它的资助，使之度过解放初期的难关。他负责文化部的工作以后，当然顺理成章地将荣宝斋的事纳入了规范化的管理，并且在业务上、经营上给予指导和关怀。

齐燕铭非常支持临摹复制古代书画名作。50年代后期，荣宝斋特聘了一批专门人才，从故宫和东北博物馆临摹了近百件唐宋元明清历代书画名品大作，如《簪花仕女图》、《韩熙载夜宴图》等。齐燕铭参加了观摩审核展，不仅与有关专家研究探讨，也准确地指出制作的优点和瑕疵。他不仅是位懂行的领导者，而且在文化企业经营管理方面有真知灼见，给荣宝斋出过不少很好的主意。

对于扶持抢救收购古代有价值的文物书画名作，齐燕铭给予极大的支持，特批了专项拨款十数万元。这笔资金虽系国家调拨，但允许不计算周转，专为储备积累资料，供书画家和文物工作者及经营管理人员学习研究参考之用。这笔专款起了很

1963年7月齐燕铭为荣宝斋题词“厚今薄古，推陈出新”

大的作用。60年代初，组织专人到华东、中南、皖南等全国各地民间去收集文物，购到了大批珍贵文物。如米芾《苕溪诗帖》等许多珍品。齐燕铭不时去审阅，并感叹道：“这批文物幸甚，人民幸甚！”随后他还与故宫博物院院长吴仲超商量提出，凡收到一级品即由国家收藏，而故宫有些不必收的或数量过多的，可交荣宝斋售出，称之为“前门进，后门出”。

荣宝斋的老经理侯恺同志说：我从50年代就认识了齐秘书长。他博学多才，平易近人，常拍着我的肩与我亲切交谈。有困难找他，他肯定帮助解决。有时我们收购了一件东西，需要他来鉴别，只要打个电话，他有空就会马上过来，而且都是一路小跑着进门。“文革”中他虽然天天挨斗，但还惦念着我们。那时不可能见面，他就写了一幅字请人带来，并专门请人转告我，注意“任凭风吹浪打，胜似闲庭信步”这句话，鼓励我要坚强，不要被暂时的困难压倒。

1963年，文化部、中国文联、中国作协与故宫博物院共同举办“曹雪芹逝世二百周年纪念展览”，为此组织了筹备工作组，最早由齐燕铭领导。他不时亲临文华殿，对筹备工作发表指导性的具体意见，还亲自写下了“曹雪芹逝世二百周年纪念展览”十三个大字的匾额，与筹备组组长阿英经常有书信往来，交换意见，商讨办展事宜，为展览出谋划策。他在信中不仅谈到展览的问题，也谈到他对《红楼梦》的学术观点。过了不久，他“靠边站”了，由林默涵接替他。又过了些日子，由邵荃麟接替林默涵。由于非业务的原因，频频换将。展览早已一切准备就绪，按原计划在展览期间召开一次纪念大会，由何其芳做

1963年4月齐燕铭为西泠印社60周年纪念题词

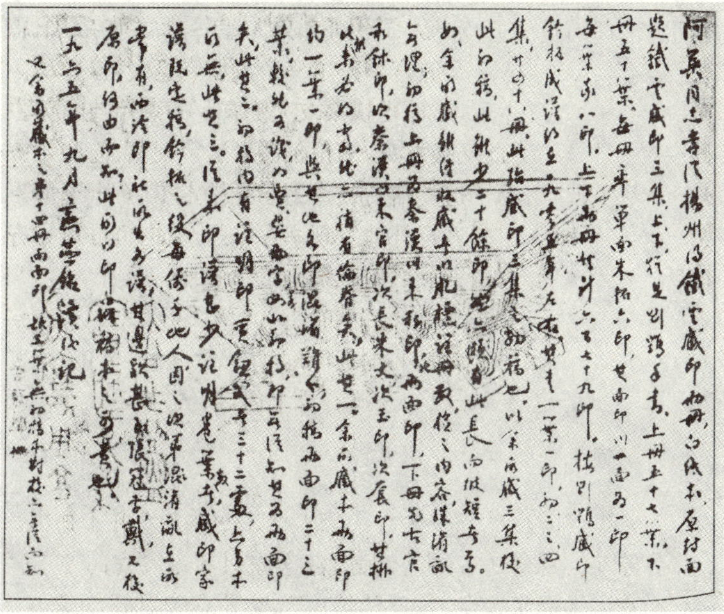

齐燕铭给阿英的信

报告，茅盾讲话。但由于种种原因纪念会终于未开成。展览会预展时有许多社会名流来参观，但何时正式开展、展与不展，上级均无肯定的答复，让筹备组的人十分着急。最后多亏周总理委托陈毅副总理来看，陈老总拍板说没有问题，才总算可以正式公开展出了。其实展览准备充分，办得很成功，展品丰富，有不少珍品。开幕后，观众一直络绎不绝。后来又应邀到日本、朝鲜、柬埔寨等国去展出，得到广泛赞誉。若没有“文革”，还准备到更多地方去展览。想不到的是，“文革”中展品运回国，竟无人过问，一些珍品都不翼而飞了。后来又说这个展览是“黑的”，阿英保存的与齐燕铭的通信全都作为罪证被抄走了。吴泰昌同志清理阿英的遗物时，意外地发现了幸存的两封信：

阿英同志：

近得《龙岩诗词合钞》，其中有两则涉及《红楼梦》者，不知可供访求资料之线索否？送上一阅。原书阅后盼仍掷还。

敬礼

齐燕铭

1963年7月4日

阿英同志：

电函均悉，展览总算开幕了，真是大喜之至。五个月的劳动，成绩还不错，但把你累坏了。

曹雪芹像查明很好，但我觉得和王冈所画的未必是一个人。王画的那个人从样子看似乎更“酒肉”一些。

曹氏宗谱事已听昆仑讲到。这是一大收获。看来这方面资料今后是可能多找到一些，据谱上无曹霑，果然那可能是作为不肖子弟除了名的。这在过去是常有的事。这倒更可作为“叛逆”的最好的说明。

我大约月底可以回去，余面赘。

敬礼

齐燕铭

1963年9月20日

从中可以窥见齐燕铭对展览是倾注了心血的，也可知他对古典名著《红楼梦》是有研究的。

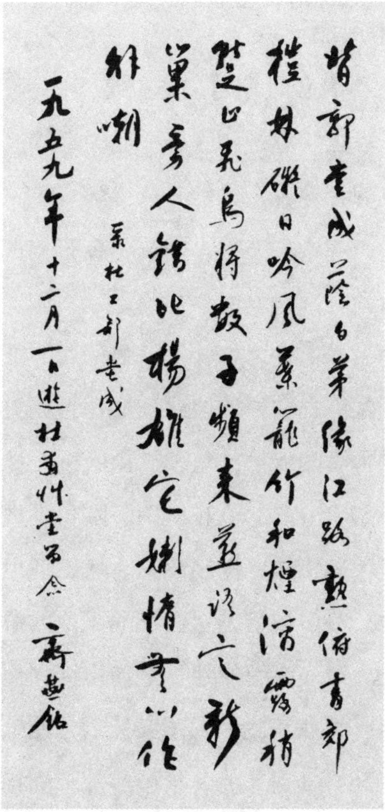

齐燕铭 1959 年 12 月 1 日游杜甫草堂留念

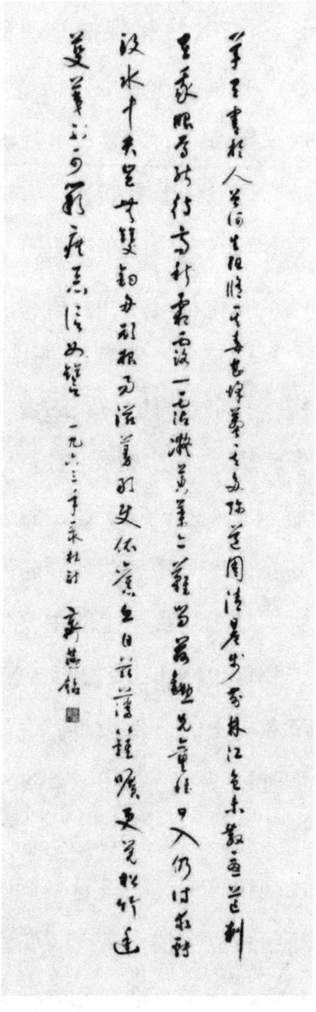

齐燕铭 1963 年书赠杜甫草堂留念

“文革”过后，他多次谈过对于古典名著《红楼梦》的学术观点，都很有见地，可惜没有机会容他阐发成文以著作问世，只能留下遗憾。

## （二）古籍保护整理和出版工作

齐燕铭热爱中国传统文化，青年时期曾立志献身于国学，后来因革命的需要，他放弃了自己的志愿和爱好。建国后，他是文化战线上有能力、有成就的领导者，也是一位博学多才的学者与专家。他在历史、文学、戏剧、文物、书法、金石和古籍整理等方面，都有较深的造诣。

1955年，齐燕铭查出患有肾癌，手术切除了一侧的肾。乘病休有空看看旧时买的古书。翻看之余，使他感到文物古籍流失严重，迫切需要抢救，应对古籍的保护、整理、出版进行规划，加强领导。于是，他于1957年12月10日给国务院科学规划委员会主任聂荣臻同志写了一份报告，提出建立古籍整理出版规划小组及小组的主要任务。科学规划委员会批准了他的报告和提出的小组名单。应该说，这一小组的建立是新中国文化事业史上的一件大事。它使这一事业从此纳入国家计划，使工作进展迅速、有序。紧接着1958年1月，他又给中宣部和周扬同志写了一个报告，对此项工作提出规划方案，并建议召开一次会议，专门研究这一问题。同年2月，召开了古籍整理规划小组成立会议。齐燕铭不顾自己大病初愈而担任了组长，郑振铎、翦伯赞、潘梓年分任文学、历史、哲学分组的召集人。齐燕铭在会上报告了这方面工作的情况和今后的方针、计划。此后他抓得很紧，一切工作进展迅速；各分组限期订出规划后，立即综合成《十年规划（1962—1972）》，计划十年内出书6700种，提出抓紧对二十四史、《资治通鉴》等基本史籍的点校，《册府

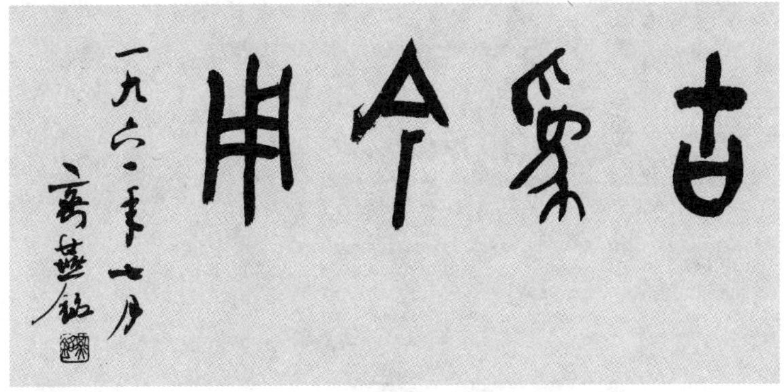


1961年7月齐燕铭为中华书局题词

元龟》、《太平御览》等大型类书的影印，以便为科研服务。这些安排都得到落实。

1958年南宁会议批判反冒进，又提出“超英赶美”、“拔白旗”、“共产主义在我国的实现，已经不是遥远的将来的事情了”，等等，左的风气日益严重。陈伯达更提出“厚今薄古”，造成了文化界思想上的混乱，古籍整理、研究的工作归于被“薄”之列，受到不断的冲击、干扰。齐燕铭在中国书店、中华书局和上海出版局古籍座谈会上多次讲话。他首先指出：古籍整理也是为社会主义建设服务，因而是有前途的事业。“如果认为古书的存在妨碍社会主义建设就应该消灭它，这就不是厚与薄的问题，而是存与废的问题了”。“我们整理古籍，不是为了古人，是为了今人，为了服务于今天的社会，这就是厚今薄古”。他想努力稳定干部群众的思想。但左的口号和运动接踵而来，他势单力薄，难以挡住阵阵刮来的阴风，许多工作陷于停顿，十年规划一再压缩，仍难以完成。但他不放弃，顽强地坚持。

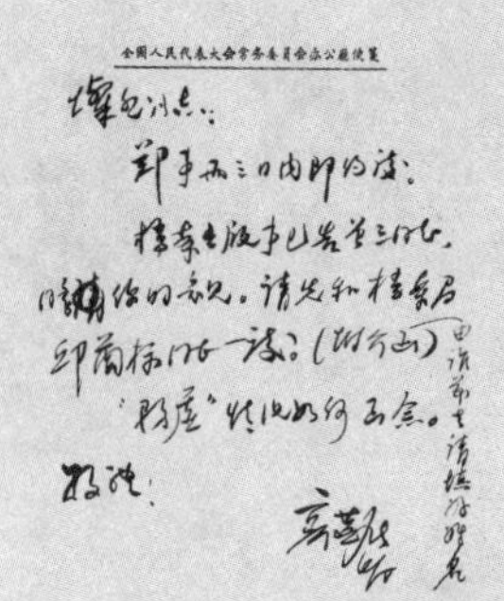

齐燕铭与中华书局的负责人金灿然是延安时期的同事、战友。齐燕铭对古籍整理出版工作十分关注，与金灿然之间经常有书信往来

根据当时情况，他提出迫切需要制定一个《三至八年（1960—1967年）古籍整理出版的重点规划》。计划先出重点书1600种。对于这一规划的落实，他更加抓紧，不仅抓方针政策，在具体问题与方法上也进行指导。对许多项目他都“亲自过问、反复斟酌，决定取舍、加以增删”，提出详细中肯的意见。从他对中华书局大量的报告、讲话、信件、批示上可见一斑。

这方面的事例太多了，这里只略举几件。当时稿子涉及台湾问题常会引起麻烦。为此金灿然同志向他请示，他回信说：“台湾沿革，俞正燮《癸巳存稿》卷五《台湾事辑》言之最详。大约其地本荒岛，除土人外，陆续去者均为中国贫民，即《明史》所谓往往聚而为盗者也。黄宗羲《行朝录》称，招饥民开垦始于郑芝龙，其后又为荷兰人侵据。顾祖禹《读史方舆纪要》又称，红夷于天启二年请求互市，总兵俞咨皋移之北港（即鸡笼山），则荷兰之居澎湖似曾邀得中国同意者。由此言之，其地属于我国可知。已往姑不具论，清代已将台湾列入版图。凡各

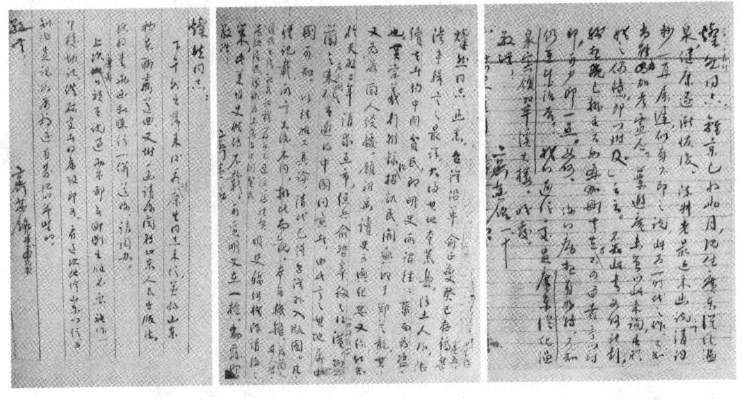

种记载所言先后不同，排比而观，本无抵牾”，“《明史》称何楷陈靖海之策，此策《明史》楷传不载，可觅《明文在》一检”。据此，他批示：“原文付印，不必改字。无碍于事。”李侃（中华书局的专家）说：“于此也可见齐燕铭学识之渊博，态度之认真和思想之敏锐，意见之明确。”

又一次，为向陈寅恪约稿事向齐燕铭请示，特别提到陈稿不能修改，将来可能难办。齐燕铭立即回信说：“…只告他文中如有涉及兄弟国家和东南亚国家的，请其慎重处理，以免引起不必要的麻烦。此外问题，随其任何论点均不必干涉。”在当时的情况下，他能做出这样果断的决定实属不易。

另外，中华书局组织了近50种当代学者的著作准备出版，齐燕铭也大力支持。他认真看了王国维著作目录后给金灿然的信中说：“将来标点本总宜‘全’，总不应该使《王忠悫公遗书》专美于前，而新中国对于这样一个学者倒无全集出版。……但出版时，除别人所作的序、传等，均以不删为是。”“总之，此

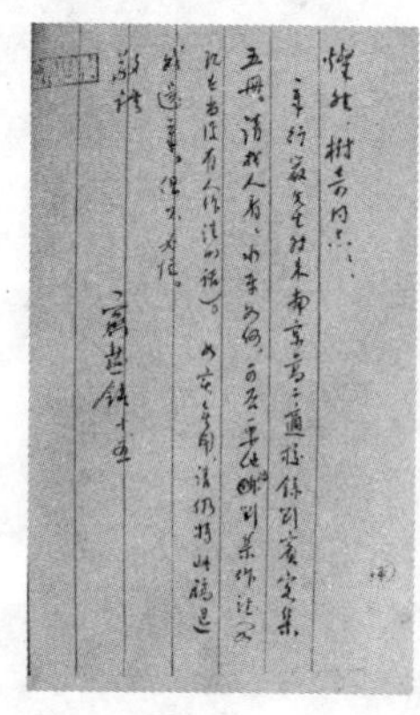

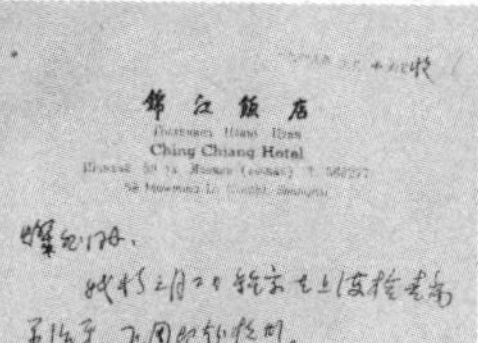


种资料书，不是青年读物，以存真为好。”最后说：“以上意见也许类似保守，但从长远看来可能正确。”原金灿然的秘书俞筱尧说：“几十年之后的今天再回头来看，燕铭同志的高瞻远瞩，是多么难能可贵啊！”

齐燕铭采取了一系列具体有力的措施，来保证规划的完成。他给有关部门发出通知，动员各方力量来落实规划。帮助中华书局物色人才，调配干部，充实人力物力；先后调入六十多人。如宋云彬、杨伯峻等，在工作中都发挥了重要作用。他帮助解决印刷纸张，解决中华书局的办公与宿舍用房，在经济困难时期想方设法照顾专家和老知识分子的生活，对中华书局的金灿然同志给予多方面的支持和关照。他们共同奋力抢救文化遗产，为此承担了相当大的压力。为调人，他曾受到上边的批评。

1960年至1962年，全国正值困难时期，却是中华书局发展史上的“黄金时期”，古籍整理出版事业取得了突出成绩。他们出版的《新编历史演义》、《中国历史丛书》、《中国历史小丛书》、

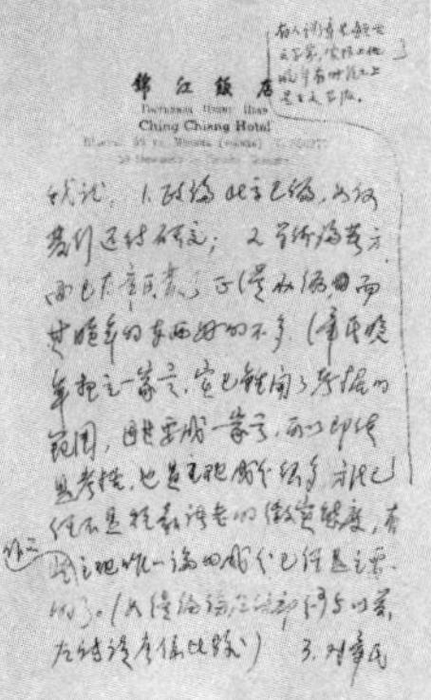
锦江饭店
Ching Chiang Hotel

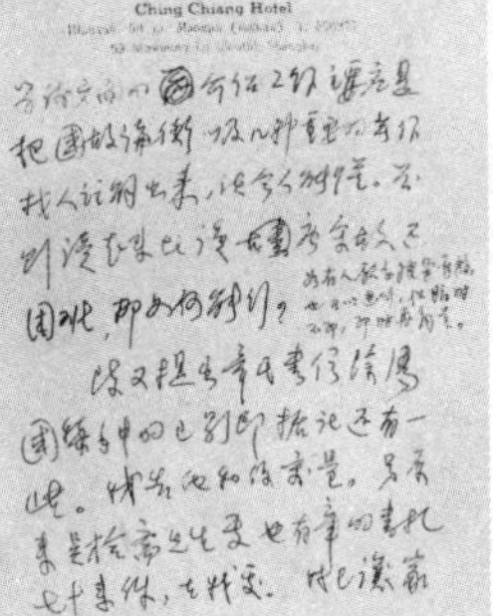
锦江饭店
Ching Chiang Hotel

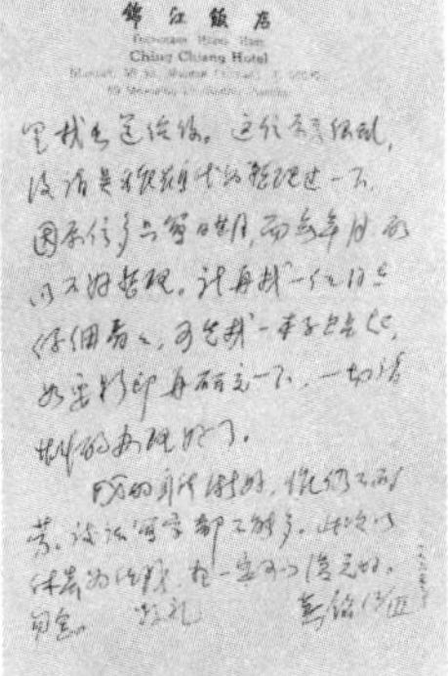
锦江饭店
Ching Chiang Hotel

《历代政治人物传记译注》等各种书籍，都有很大社会影响，受到广泛赞誉，中华书局在学术界的声誉日益提高。为了进一步引起社会的广泛关注，扩大这一事业的影响，齐燕铭与金灿然商量，利用中华书局成立五十周年之机，召开隆重的纪念会，邀请一些知名人士到会讲话和祝贺。齐燕铭帮助拟名单并亲自出面请人。他为中华书局题字、赠诗，在纪念会上作了中肯的长篇演讲。许多名人如郭沫若、胡愈之、陈叔通、叶圣陶、翦伯赞、吴晗都到会祝贺。郭老也题诗："五十年间天地改，中华文运更辉煌。梯航学海通今古，鼓扇雄风迈宋唐。"齐燕铭的题诗是："五十年来负盛名，当时共许椠刊精。人民作主开新纪，文采风流迈旧型。校理坟籍千载业，切磋疑义百家鸣。社会主义光芒大，夕秀朝华启后生。"他对中华书局寄托厚望，认为它"新的使命刚刚开始"。

在这一领域，几年来的工作初步奠定了较好的基础：制订了详细的长远规划，有了近期的和年度的计划，集合了国内一大批

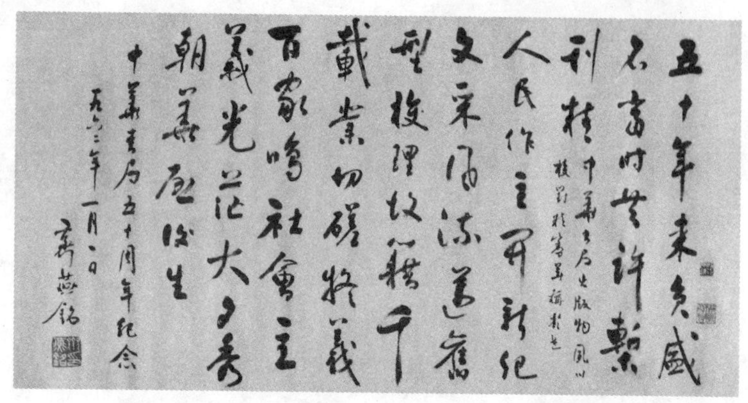

齐燕铭1962年1月为中华书局成立五十周年题诗

专家学者，以中华书局为核心，团结了全国古籍整理出版方面的人才，开展研究。以中华书局为办事机构以及古籍整理与出版的专业部门，办起了古籍整理与出版方面的刊物《古籍整理出版情况简报》，每月一期，发行六千份，重要稿件由齐燕铭负责审查。齐燕铭为“简报”亲自题写了刊名。刊物使国内外的信息可以及时地交流，推动事业进一步加速发展。此外，在北大建立了古籍整理专业。齐燕铭提出要培养上千名古籍整理的专门人才，请许多老专家去讲课，他自己也去讲。后来确实培养了一批批年青的专业力量，使这一事业后继有人。齐燕铭时时用心经营，呵护着这一块他所钟爱的园地。当看到幼苗茁壮成长时，他衷心地喜悦，感到欣慰。但他并没有把它看成自己的自留地，而是竭尽全力保护和抢救祖国和人民宝贵的精神文化财富。

齐燕铭有真才实学，真正懂得古籍的价值，懂得继承优秀传统文化对建设社会主义新文化的重要性。他知识渊博，又有很高的政策水平，在整理出版古籍方面的算得上行家里手，但他不固步自封，时时处处注意学习，而且对工作极端认真细致，负责任，考虑问题全面周到，事事讲求效率。他敢于坚持正确意见，善于以理服人，是一位不可多得的好领导。中华书局的专家李侃同志曾写道："可以说中华书局没有哪一件重要的工作和哪一种重要的项目没有倾注他的精力和心血。"可惜他只能在大量繁重琐细的具体行政事务之余，挤出部分时间来从事这项工作。他深深地热爱这项事业，然而历史没能给他更多的时间去实现美好的夙愿。

1962年党的十中全会上，康生给毛泽东写条子说什么"利用小说进行反党活动，是一大发明"，于是全会决定成立两个审查委员会，分别对彭德怀、习仲勋立案审查。此后，齐燕铭被任命为国务院代秘书长，必须天天到国务院办公。他在国务院的担子更重了，每日奔波于国务院和文化部之间，常常清晨5点钟下班，8点多钟

古籍整理出版情况简报

总402期

2004年第8期　　全国古籍整理出版规划领导小组办公室编

目　录

2000—2003年度古籍整理出版补贴项目完成情况调查综述 …………（2）
2000—2003年度古籍整理出版补贴项目完成情况 …………（5）
·学术动态·
"华夏建筑意匠的传世绝响——清代样式雷建筑图档展"
在国家图书馆隆重开展 ………… 苏品红（18）
《中国苏轼研究》创刊 ………… 冉休丹（20）
·学者评书·
《旧唐书》整理研究的重要成果
——读《〈旧唐书〉辨证》 ………… 郝润华（22）
·出版信息·
《孙奇逢集》整理出版 ………… 孙宝瑛（27）
简讯 …………（29）
每月新书要目 …………（31）

北京市丰台区太平桥西里38号　邮编　100073

内部刊物《古籍整理出版情况简报》，每月一期，至今仍在出版，已450期

又要上班了。而且当时的政治气候使他愈来愈难以推动古籍整理出版工作。严厉的"阶级斗争"使群众产生思想混乱、顾虑重重。到1963年，全国搞"四清"，批判和停演鬼戏，文化部整风更是风雨交加，齐燕铭挨批斗、被撤职，最后被关进监狱七年。整个国家濒临崩溃的边缘，古籍整理出版规划小组的工作陷于停顿。他忧心忡忡、撕心裂肺，并非为了个人的生死存亡，而是伤心那用多少生命鲜血和汗水换来的事业毁于一旦。

### （三）戏曲

戏曲是文化部工作的重点和难点，它关系到最广大群众的文化生活。周总理对于包括戏曲在内的文艺工作和文艺工作者特别关注，因为这是与广大群众的切身利益息息相关的。1957年反右之后，一批批文艺工作者、艺术家被批判、受处分，许多人感到压力。作家不敢写，导演不敢导，演员不敢演。戏曲舞台呈现萧条状态，群众文化的需求难以满足。1959年5月，周总理《关于文化艺术工作两条腿走路的问题的讲话》，对正确地发展和繁荣社会主义创作的问题，作了全面的阐述，提出防止片面性和主观性等重要问题。但是在上海，柯庆施只允许在20人的范围内传达。由此可见，在文化战线上贯彻周总理的正确指导思想并非一帆风顺。总理把齐燕铭派到文化部，自然希望他能为繁荣社会主义文化事业拓展出一个新局面。齐燕铭努力贯彻总理的意图，经过调查他看到广大文艺工作者中蕴藏着巨大的创造力和工作热情，需要保护他们的积极性，为他们撑腰。

周恩来总理观看《文成公主》，上台祝贺演出成功。（左起第一人周恩来，第三人吴晗、第四人贺龙、第六人齐燕铭）

1960年4月29日，在现代题材戏曲观摩演出大会的总结报告中，他提出了“三者并举”的口号，即“大力发展现代剧目；积极整理改编和上演优秀的传统剧目；提倡用历史唯物主义观点创作新的历史剧目”。他把三者关系有机地结合起来，作为繁荣社会主义戏曲事业的一个整体，从崭新的角度来贯彻“双百”方针。“三者并举”的思路得到了中宣部周扬同志的支持和赞许。接着，齐燕铭在《北京日报》上发表文章《现代题材戏曲的大跃进》，进一步阐明“三者并举”的观点，说明在充分肯定现代题材剧目的同时，也不应排斥传统剧目和历史题材，这样才能使戏曲舞台丰富多彩。1961年6月，文化部召开戏曲剧目教材工作会议，齐燕铭到会讲话，提出要有稳定的教学剧日，同时，每过一年左右要将经验总结一下，对教学剧目予以增减修改。对于剧目他抓得非常紧。他认为上演的剧目不能适应形势的需

齐燕铭对梅兰芳十分敬重，他要年青演员认真下功夫，学习梅兰芳的为人，学习他的演技，也学习他钻研创新的精神。1961年，梅兰芳病中，周总理要齐燕铭像对待中央负责同志一样照顾和关心他。为了给梅兰芳买柠檬，齐燕铭请人在北京到处找，实在找不到，他亲自打电话托广州的熟人，可惜运达北京时，梅兰芳已经故去，齐燕铭非常难过。1961年8月10日陈毅副总理主持了梅兰芳的追悼会，齐燕铭致悼词，高度赞扬了梅先生光辉的一生。(前边为陈毅，后边右起第一人是田汉，第二人是夏衍，第三人是齐燕铭)

要，现代剧目少。同年11月他又提出，戏曲艺术要更好地为社会主义服务，就必须进行改革。要走革新的路。希望编剧们加把力，写出几部现代题材的好戏。领导要下决心，花本钱，培

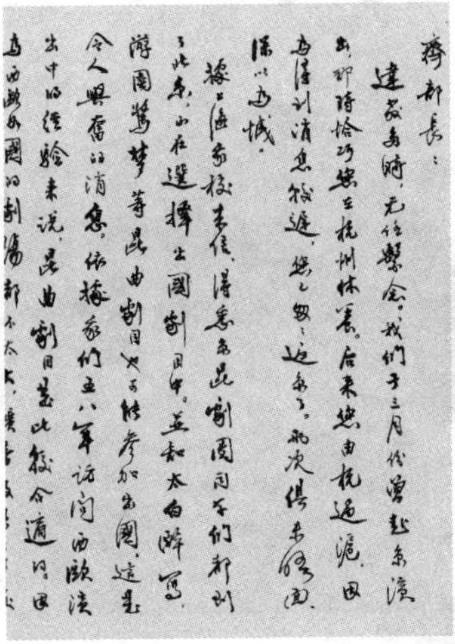

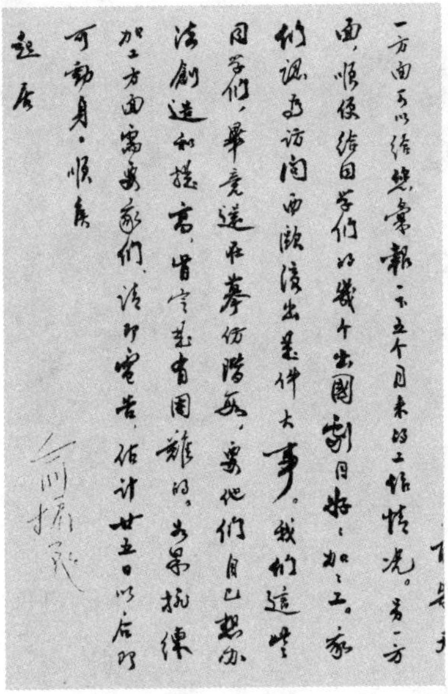

60年代初，昆曲艺术家俞振飞给齐燕铭的长信及其片断

养生花之笔。还要作长远打算，经过几年的努力，就会产生越来越多的好剧目，使创作繁荣起来。12月7日，文化部发表《贯彻执行〈关于改进和加强剧目工作的报告〉的通知》，要求各级文化主管部门加强对这一工作的领导，帮助戏剧工作者提高认识，加强与人民群众的联系，努力产出好的剧本。为适应广大

齐燕铭与著名京剧演员盖叫天在盖叫天家合影
右起第二、三人为盖叫天、齐燕铭

群众多方面的、饥渴迫切的文化需求，他还大力抓剧本的创作队伍，进一步推动创作质量的提高。他多次召开戏曲创作座谈会，听取各方面的意见，了解剧作家的困难与要求。他提出文化行政部门与剧协要加强剧本创作的组织工作，举办学习会，鼓励作家深入生活，为他们创造条件，关心他们的工作和生活福利。同时，推荐好剧本，发现人才，推广经验。奖励好作品，组织观摩演出，加强出版力量，办好刊物等。各方面的工作要予以配合。总之，要求树立为作家、艺术家服务的思想。随着各方面工作的落实，戏曲，特别是现代戏的创作、生产逐步有了起色。

为了减轻国家的负担，帮助度过困难时期，也为了促进文艺团体勤俭办事业，齐燕铭提出改革剧团管理体制，除保留少数国家级的院、团之外，逐步实行剧团自负盈亏，逐步减少和取消国家经费，使剧团的数量、规模与当地的经济条件相适应，使质量差的自行淘汰。这种改革的思想在当时是很超前的，也是适应当时的经济发展条件的，却受到了严厉的批判，文革中更成为一大罪状。60年代初他提出这一方针，应该说是摆脱困境发展文化事业的良药，至今也仍有现实意义。

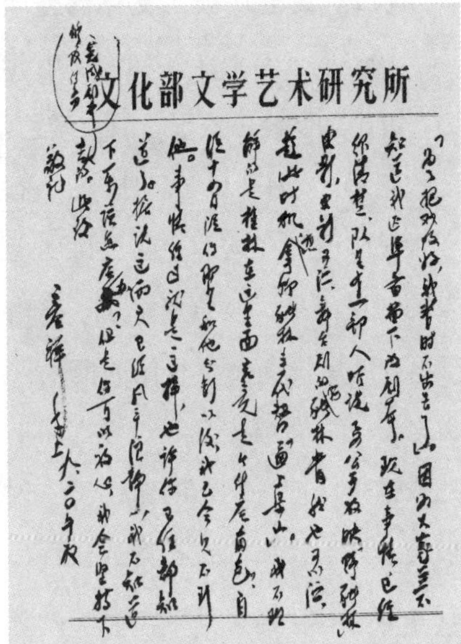
文化部文学艺术研究所

文化部文学艺术研究所

马彦祥给齐燕铭的信（片断）

也是这一时期，他号

召挖掘传统剧目，提倡组织老艺人搞艺术表演、拍电影纪录片，留下历史资料。支持各种戏曲流派的演出，支持老艺人收徒和举行拜师，举行老艺人舞台纪念演出，带有抢救宝贵文化遗产的性质。如当时举办梅兰芳舞台生活展览等，为此江青找他谈话，批评他对梅兰芳的事搞得“太过分”。又说，周信芳的妻子在国外，不应捧得太高等。对江青的这些话他只传达了一下，并未重视。为此文革中江青说“他是坏人”，诬陷他是现行反革命。其实，齐燕铭抢救继承艺术遗产的方针和措施都是正确的，可惜这件重要工作直到改革开放以后才被重视起来，已经造成了许多无可挽回的损失。

## （四）文艺路线、文化部整风

1961年6月1日至28日，中共中央召开全国文艺工作座谈会，讨论和制定《关于当前文学艺术工作的意见》草案（即《文艺八条》）。6月8日至7月2日，召开全国故事片创作会议，总理于6月19日在这两个会上讲话指出，“几年来有一种做法：别人的话说出来，就给套框子，抓辫子，挖根子，戴帽子，打棍子。人家所说所做不合他的框子，就给戴帽子，‘人性论’、‘人类之爱’、‘温情主义’等等都戴上去了。……现在的问题正是乱戴帽子，把一句话的错误、一种想法的错误，甚至把那种本来是允许的，可以百花齐放、百家争鸣的各种说法想法，也都看成毒草、邪道，那就不对了。现在要把这种风气反过来，造成又有集中又有民主，又有纪律又有自由，又有统一意志又有

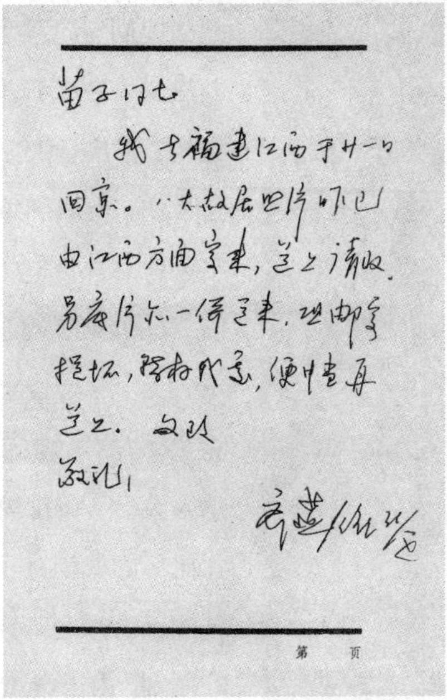
苗子同志

我去福建江西于廿一回京。八大故居照片即已由江西方面寄来，送上请收。另底片亦一併寄来，照例寄提抵，暂存我处，便中当再送上。此致

敬礼！

燕铭

第　页

齐燕铭素与文化界人士，作家、出版家、画家、演员、老艺人等联系非常密切。真心与他们交朋友、促膝谈心、通信往来。前已例举与金灿然、马彦祥、俞振飞、阿英等人的通信。这是给黄苗子的便笺

个人心情舒畅生动活泼，那样一种政治局面。首先从我们领导者改起，提倡这种正确的风气。”他的这番讲话对文艺工作中的左倾思想提出尖锐批评。

齐燕铭通过调查发现，文艺界存在的大量问题，其根子常在文化管理领导方面，所以迫切需要清除“左”的指导思想。他严厉批评文艺作品中简单化、公式化、庸俗化的偏向，说：有些作品“完全等于社论，群众不喜欢听”。他向各种形式的“左”的思潮开刀，也向文化部自己的错误开刀。他代表党组检讨了几年来所犯的一些“左”的错误，并表示今后要尊重文艺发展规律，在短时间内制定出适合文化事业的政策条例。他提出，创作上应允许作者有选择题材、形式、体裁方面的广泛自由，不

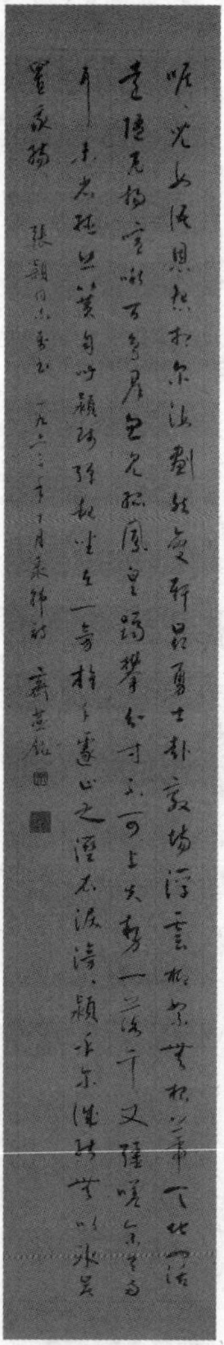

勉强他们写自己不熟悉的东西。他还采取种种办法为一些受到不公正待遇的同志说话，给吴祖光、张庚、张申府等摘掉右派帽子，安排适当工作，使他们重新感到党的温暖，从而焕发出创作的热情。

在国务院的领导下，文化部紧紧抓住“七千人大会”所带来的民主空气的契机，继续清除“左”的影响。1962年2月，在传达讨论“七千人大会”精神的总结发言中，齐燕铭谈到了文化界的知识分子问题。他说，实践证明，1958年的反右倾全部错了，文化部党组要做个彻底的甄别。由于会上有不同意见，他说：“此事由我完全负责，会后我向中央、国家机关党委报告。”在他的努力下，一大批被定为“右倾分子”的作家、艺术家和业务干部得以解脱，同时又为一批“右派分子”平了反。

接着，1962年3月，文化部、剧协召开了全国话剧、歌剧和儿童剧座谈会，即有名的广州会议。会前进行了充分的准备，到各地做了调查研究，召开了小型座谈会。周总理、陈毅副总理专程到广州，周总理作了《论知识分子问题》的报告，高度评价困难时期知识分子与党同心同德的高尚气节，大多数人同工农一样

齐燕铭1963年10月给张颖同志（曾任中国戏剧家协会书记处书记，《剧本》主编）写的条幅

经得住考验；重申了知识分子属于劳动阶层，再次肯定了知识分子的地位和作用。他还说，“你们是人民的科学家，是革命的知识分子”，“应该取消资产阶级知识分子的帽子”。陈毅副总理为知识分子“脱帽加冕”。这是一次科技界、文艺界终生难忘的会议。与会的知识分子、艺术家听了周总理和陈毅副总理的讲话，无不心潮澎湃，热泪沾襟，报以经久不息的掌声。许多人感叹“人来无不醉，人离魂不归”，把它作为一樽香醇的甘露，浇灌在干枯的心田里。齐燕铭在会上多次发言，抨击了“左”的流毒。他说：“由于对政治方向强调过分，形成了‘一谈艺术性就认为是资产阶级专家’，一个时期内不敢谈艺术性和技巧，以政治代替一切。……创作上把口号组织起来，这种东西不能感动人。”“有些领导干部对创作缺乏民主空气，不符合创作规律。甚至有人荒谬地提出‘领导出思想’，……形成领导被领导的关系不正常，这种情况应该改变。”他坚决拥护周总理和陈毅副总理的讲话。

3月27日，周恩来在二届人大三次会上又说：知识分子“毫无疑问，他们是属于劳动人民的知识分子。我们应该信任他们，使他们很好地为社会主义服务。如果还把他们看作是资产阶级知识分子，显然是不对的。”

“七千人大会”、广州会议等一系列纠偏的措施，对于文艺、戏曲工作起了重大的推动作用。1962年后文艺界呈现了短暂的繁荣景象。

突然，1963年12月12日，毛泽东批示：“各种艺术形式——

戏剧、曲艺、音乐、美术、舞蹈、电影、诗和文学等等，问题不少，人数很多，社会主义改造在许多部门中，至今收效甚微。许多部门至今还是'死人'统治着。不能低估电影、新诗、民歌、美术、小说的成绩；但其中的问题也不少。至于戏剧等部门，问题就更大了。""社会主义经济基础已经改变了，为这个基础服务的上层建筑之一的艺术部门，至今还是大问题。这需要从调查研究入手，认真抓起来。""许多共产党人热心提倡封建主义和资本主义的艺术，却不热心提倡社会主义的艺术，岂非咄咄怪事。"

根据毛主席批示和讲话的精神，文化部党组连续召开了七次党组会和党组扩大会，就贯彻文艺方针问题进行检查。在此期间，齐燕铭因病住院，到南方治疗、休养，文化部的会议他未能参加，但思想上的压力是很大的。他频频与部里领导班子电话联系。

全国京剧现代戏观摩演出已准备了很久，经过多方面的苦心经营，文化部认为可以交一份比较好的答卷，希望能让领导满意。在1964年6月至7月底，终于成功地举办了全国京剧现代戏观摩演出。全国19个省29个剧团演出了35场戏（后来所谓的"八个样板戏"，其实早已在这里亮相）。

开幕式在人民大会堂举行，齐燕铭主持，文化部部长沈雁冰致开幕词，陆定一副总理致贺词。全国各地戏曲工作者五千多人出席，盛况空前，十分隆重。毛泽东、刘少奇、周恩来等接见了参加会演的全体人员。《红旗》、《人民日报》分别发表了社论。

接受越南赠送给我国的大象

但是，就在广大群众都为文艺界喝彩的时候，却传来了毛主席1964年6月27日令人震惊的对文艺界的第二个批示：“这些协会和他们所掌握的刊物的大多数（据说有少数几个好的），十五年来，基本上（不是一切人）不执行党的政策，做官当老爷，不去接近工农兵，不去反映社会主义的革命和建设。最近几年，竟然跌到了修正主义的边缘。如不认真改造，势必在将来的某一天，要变成像匈牙利裴多菲俱乐部那样的团体。”这个批示于7月11日作为正式文件下发。此后，江青也大步走上了前台。观摩演出中因她的反对，中国戏曲学院实验剧团的两出新戏《红旗谱》和《朝阳沟》不能上演。她还在座谈会上讲：“在戏曲舞台上，都是帝王将相，才子佳人，还有牛鬼蛇神。……

这种情况，不能保护我们的经济基础，而会对我们的经济基础起破坏作用。”毛泽东对此批示：“讲得好。”这样，江青更加张扬。接着在7月5日的座谈会上，发表了《谈京剧革命》的讲话。开始充当京剧改革的“旗手”，为占领上层建筑领域和夺权制造舆论。紧接着，康生在总结大会上点名批判《早春二月》、《舞台姐妹》、《北国江南》、《逆风千里》、《谢瑶环》和《李慧娘》等电影、戏剧都是“大毒草”。本来康生对《李慧娘》曾大加赞赏，后来摇身一变，又说它是坏戏的典型，是“用厉鬼来推翻无产阶级专政”。8月，毛泽东在《中宣部关于公开放映和批判〈北国江南〉、〈早春二月〉的请示报告》上批示：“……使这些修正主义材料公之于众。可能不只这两部影片，还有些别的，都需要批判。”于是，一个大批判的高潮很快在全国蔓延开来。

京剧现代戏观摩演出尚未谢幕，齐燕铭和文化部的领导们便开始了长达九个月的检讨和接受批判。文化部与文联各协会都进行整风。从7月到10月文化部党组会和党组扩大会共开了53次。上纲上线给自己扣大帽子，但仍过不了关，文化部的领导们已面临灭顶之灾。中宣部周扬也困难重重，他对毛泽东一次次的严厉批示只能“紧跟照办”，但仍被警告“不要温情主义”。文化部的整风被说成是“假整风”、“假检讨”。

1964年10月20日，周扬带领中宣部的整风工作组进驻文化部，直接领导整风。过去认为正确的事，领导认可的事，现在全成了“罪行”，都是对抗毛主席革命文艺路线。没过多久，运动进一步升级，司局长们又变成了自己下属的批判对象。前段他们给部领导们戴的“帽子”，又一顶不少地给他们自己戴上了。检举、揭发、批判、斗争会……文化部已成了“文化大革命”运动的教练场。最终文化部被彻底砸烂，包括齐燕铭在内的五个副部长、作协党组书记、文联副主席、剧协主席等大批领导干部被公开批判和撤职。司局级干部也大部被军队干部替换。全国的“文化大革命”从1966年开始，而文化部则从1963年已提前开始大革文化命。

齐燕铭从1961年3月担任文化部副部长兼党组书记开始，到1963年11月他生病住院，总共只有短短两年多的时间。应该说，在这两年里，他做了大量的工作，做出了很大成绩。之所以能取得突出的成绩，具有三个有利条件。首先，有周总理的正确领导和关怀。其次，文化部有个优秀的领导班子，夏衍、陈荒煤、徐光霄、徐平羽等，他们大多是久经考验的老同志，不仅政治上很强，而且业务精通，个个能独当一面。党组成员分工负责，真抓实干，各项工作在十分艰难的条件下仍井井有条，根本不存在什么反党反社会主义的文艺黑线专政的事。第三，有广大文艺工作者的努力，在经济困难时期，忍饥挨饿仍然拼命工作，才能将整个文化事业推向前进。

毛主席对文艺的这两个批示，对建国后的文化事业全面彻底地否定，自然把文化部及所有文化人立即抛入深渊。但人人有目共睹，这几年里诞生了许许多多优秀的戏曲、电影、小说等文艺作品，使群众至今怀念。任何人也无法把这段历史抹去！

齐燕铭深爱文化事业，也深爱他自己参与耕耘的文化园地

60年代，齐燕铭夫妇与儿孙们在砖塔胡同家中合影

1966年3月，齐燕铭在文化部整风后降职被派往济南市任副市长，行前与家人合影

和许许多多“吃的是草，挤出的是奶”的中国文化人。他在高压之下所以说了一些违心的话，给自己加上许多莫须有的罪名，无非是想由自己来承受重压，以便千方百计保住这块他所钟爱的园地，希望运动的风雨过后，文化事业仍能继续蓬勃发展。可惜他想得太天真了，他什么也保护不了。“四人帮”丝毫不珍惜人民祖祖辈辈创造的文化，他们就是要大革文化的命，制造天下大乱，然后乱中夺权，实现帮派的野心。

60年代初齐燕铭与大女儿齐翔延和外孙女申燕在家中海棠树下

# 十二、大革文化命的年代
## ——不该发生的故事

1965-1974

### （一）大革文化命的风暴席卷全国

1965年4月，齐燕铭被撤销了文化部党组书记和副部长的职务，没有任何正式的结论，组织部门也无人与他谈话。文化部的领导们到底犯了什么错误，连个认真的说法都没有，就分别被下放到山东、四川等各处去了。齐燕铭已到该退休的年龄，却要一个人离家到济南去上任。他二话没说，就收拾行装准备走了。照惯例，妻子安排全家人离别前在一起照了一张全家福相片。因为一家人都是国家干部，有公务在身，谁也无法陪他去山东，只能默默地送他上车，目送他渐渐远去的身影。

没过多久，"文化大革命"的风暴席卷全国。原来，要接受这革命洗礼的，不仅仅是文化部，他们只是早两年体验而已。现在所有地区、所有单位、所有的人，都卷了进来。齐燕铭被押送回京，参加"文化大革命"。先是到社会主义学院大院的文化部集训班。这里都是文化部"有问题"的人。从外表看，齐燕铭一如既往，衣冠整洁，面带微笑，但他的内心充满困惑和疑虑。过去，全国全党搞运动或重大行动，都会有文件，有政策，有精神传达或者通告下来，而这次全然没有。不知该干什么，也不知为什么要这样干，甚至见到熟人该不该主动打招呼，都让他费思量。后来又把他们集中到文化部的“大庙”里。所有文化部的“黑帮”，都在这座“大庙”里集体生活，“早请示，晚汇报”；白天接受批斗，或对来参观的群众下跪“示众”，或清扫大字报、扫厕所，有时还要参加外单位的批斗会、担任陪斗，更有写不完的交待材料、外调材料。总之，十分繁忙，只是与文化工作毫不相干。

1966 年 6 月 20 日，文化部向中央请示报告，中央 24 日批转。此报告中将齐燕铭列为周扬以下的黑帮。名次为：林默涵、

1966 年，齐燕铭离京去山东，夫人冯慧德在家由四个女儿陪伴

夏衍、田汉、阳翰笙、齐燕铭……。报告中讲：中华书局是齐燕铭、邓拓、吴晗、翦伯赞的黑窝子……。这些话自然对齐燕铭有极大影响，因为这是中央批转的文件，应该代表中央的精神，这使他难以理解。他无法想象那是自己一生视为上苍、高于一切的“党中央”的意见。

因为有江青和王、关、戚的指点，革命造反派常会有新的“革命”行动和措施，花样翻新，层出不穷。例如：命令“黑帮”作曲家写一首酷似狼嚎的“黑帮之歌”，教会黑帮们唱。所有黑帮不许乱说乱动，只有服从命令听指挥，叫唱就必须唱。

这段时间，几乎天天有人到家里来抄家，有时一天会有几批人。无需任何手续，只要按门铃，就得赶快开门，否则就有“革命行动”降临。家中的财物可以随意拿，字画、唱片、书籍、相片等可以随意毁掉。红卫兵全国大串联时，齐燕铭家的被子、褥子、毯子等床上用品都被“借走了”。老人们只能向儿女们要。因为当时买这些东西都要布票、棉花票，按人头定额定量，就是有钱想买也买不了。家中的储蓄存折也被革命群众没收了。齐燕铭无从关照家中这些事。最后，全家被扫地出门，告别了居住多年的砖塔胡同。一家人分住多处，二女儿住东大桥，妻子住水碓子，大女儿住机关……

齐燕铭夫妇都十分坚强，没有流露出任何悲观与不满的情绪，仍然教育子女，要相信群众，相信党。

## （二）应从冤假错案中反思什么

1967年12月23日，齐燕铭被押往北京卫戍区，关进监狱达七年之久。

1967年12月21日和1967年12月27日，人民日报连发了三篇批判齐燕铭的文章，算作抓他的根据吧！

干部犯了错误，批评、纪律处分是应该的，必要的。若是犯了罪，依照法律判刑、关监狱，也是合理合法的。审查中发生错判、误判，也不能完全避免。但是文革中，干部常因莫须有的罪名，被随便打骂、关押，私设公堂、刑讯逼供成为常态。这是非常可怕的，是完全违反宪法的，为法制所不容。特别在国家正式的公检法机关，更是不能允许的。齐燕铭的所谓历史问题是这样的：其堂弟齐良骥30年代在北京大学读书时，与同学合办了一个进步刊物，由齐燕铭介绍在一书商处印刷，被当时的宪兵三团查获，于是将齐燕铭捕去问讯。他对宪兵们坚持说绝无此事。当局拿不出证据，又鉴于他是大学教授，有一定的社会地位，所以关押一天即取保释放了。在延安时齐燕铭已将此事向组织交待过，并已查清，做了历史清楚的结论。“文革”中并未查出任何新材料，却以此硬要他承认自己叛变当了国民党特务。为此刑讯逼供，残酷迫害。齐燕铭于1970年4月给中央写了一份血书，请求组织派专人来重新审查，予以昭雪。此后几年，再也不审不问。1973年3月14日，专案组派人到医院来向他传达中央指示：“有问题允许控诉”。他相信自己的历史是清白的，但问题却迟迟得不到解决，始终未见到结论（符合实际彻底平反的结论，直到他去世后，才送达其夫人手中）。这时他自然十分焦急，总希望自己的问题尽快解决，再出去为人民做些有益的事。他在日记中写道：“审查我已7个年头，如何无一结果，百思不得其解。”

由于狱中条件恶劣，饮食太差，他得了严重的胃病，直至胃大出血，最后只好做胃切除手术。术后医生规定是用流食，喝牛奶。而当时只给他吃窝头。到恢复期，病人需加强营养，他经常感到饥饿难挨，只能求管监狱的小战士，把剩下的米汤、面汤等残羹留给他吃。他还正式给市政府写过申请，要求给他增加点粮食定量，自然也无人理睬。有段时间他已经感到难以支撑，不得不扶着墙行走。就在此时，仍然对他刑讯逼供，拳打脚踢，罚弯腰，有时一连十几个小时，通宵审讯的车轮战干到天亮，哪里有一点人道！他参加革命时是准备坐牢和牺牲的，但没想到坐的是共产党的牢房。这使他无比痛心。

在狱中，他身体渐渐恢复之后，经过冷静思考，他决定不再荒废时间。首先，恢复因审讯和住院而中断的日记。过去他长期保持着记日记的习惯，战争年代也未中断，只是记得略少些。1968年3月24日至1973年4月8日，他中断了狱中日记。从1973年4月9日起，到1974年7月出狱时，他共写了五本日记，约30万字。他学习马列著作，写下心得笔记。对自己一生经历的各个历史时期，进行反思，认真检查自己哪些方面犯了错误，为何会错，等等。

由于整个社会被“左”的思潮所笼罩，加上他特殊处境的压力，他的日记和笔记也无法避免那个时期的烙印。但可以看

齐燕铭在狱中的读书笔记和日记

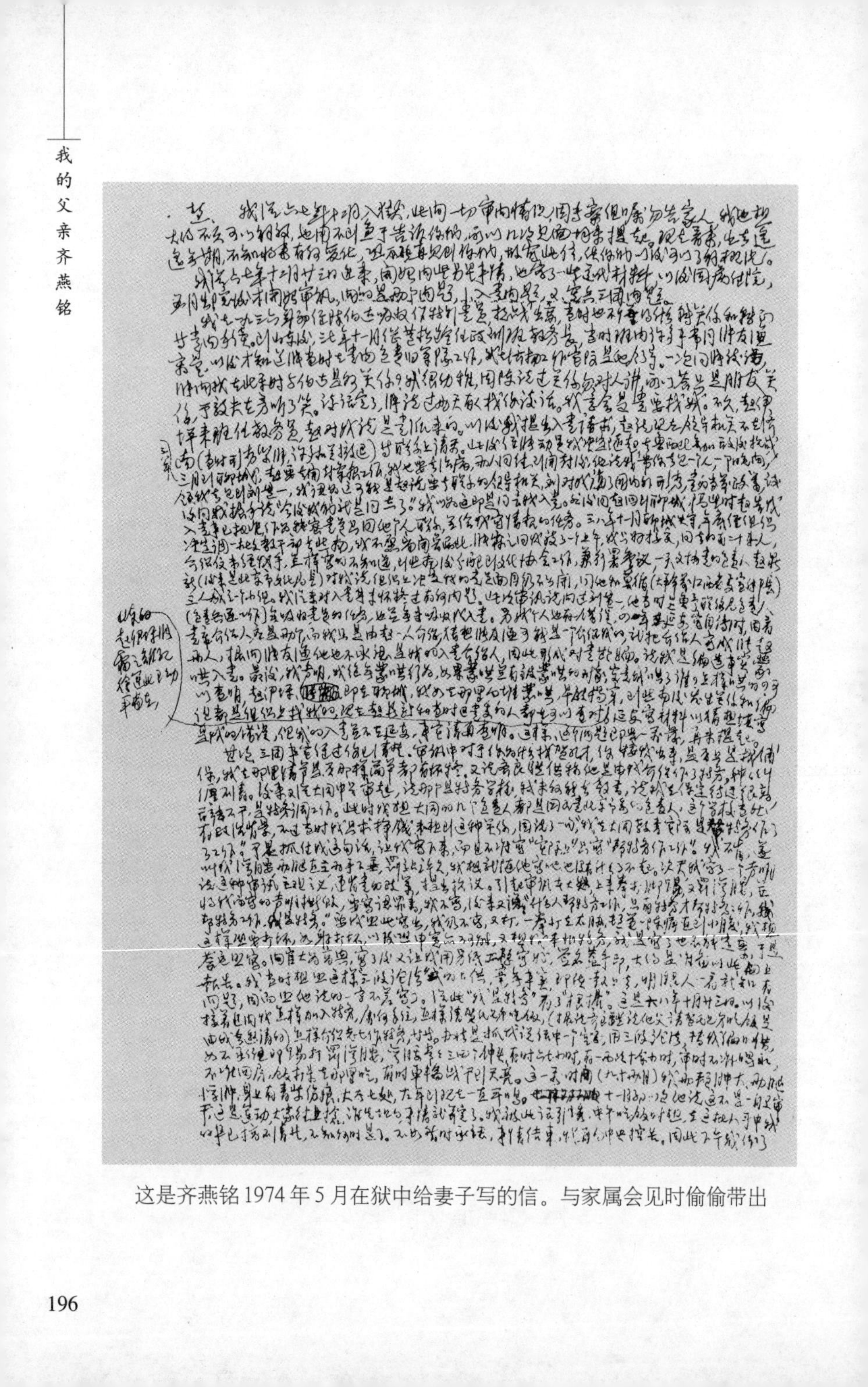

这是齐燕铭1974年5月在狱中给妻子写的信。与家属会见时偷偷带出

出，他是十分努力、十分认真地抓紧时间学习理论，提高自己，以期解决思想上遇到的许多难题。所写的可分为下列几类内容：

系统地学习马列理论，提高认识水平，寻找摆脱迷途的钥匙。在第三册学习笔记中，有一篇学习总结。他写道：从五月中到十二月初，把《马克思恩格斯选集》四卷本读完了。每篇文章至少看两遍，几篇重要的经典文献都看了四、五遍以上。写了四本摘记。这是有生以来第一次系统地阅读马恩著作。过去在长期工作中，常常希望能有机会系统地学习理论，也常为无暇读书而感到苦恼。但是因工作实在太多，连睡眠都已压到最少，始终未能如愿。经过在狱中几个月的刻苦学习，使他深刻认识到理论的重要性。他写道："批林批孔的文章有的无说服力，从概念到概念"，"没有法律的暴力最可怕，……运动牵扯这么多干部，现在虽不明白，将来总会明白，倒很想能研究一下社会主义专政下的法制工作。""中国无产阶级身上根深蒂固的是封建思想，这是中国的特殊国情。"……

学习马克思、恩格斯、列宁和毛泽东关于文艺的基本理论。认识文艺的规律。对于自己在戏曲、古籍、文学等方面的思想、工作进行分析解剖。

《史记》、《红楼梦》、《水浒传》、《金瓶梅》等古典文学作品，对它们的时代背景、主题思想、人物特点、艺术手法等多方面细致地进行分析比较。这是齐燕铭的长项。如对于《红楼梦》，他写道：此书所以伟大的地方在于，它真实地反映了18世纪中国封建统治王朝，在极度兴盛时期已经透露出必然衰亡的命运，

文革中齐燕铭夫人冯慧德与孙辈合影

它通过一个贵族家庭，写出封建统治阶级自己无法解决的矛盾。这些都是很有见地的。

日记中许多讲到他与总理的关系，回忆总理对他的关怀、帮助和爱护。在监狱中他多次抒写自己对总理的想念，甚至常常梦见总理。1967年2月25日，在最困难的时候，他写道："想到目前总理的辛苦，心中十分难过。"1968年1月26日写道："我两年以来耿耿于心，……每次报上见到总理照片，心中都要难过一阵，祝愿总理身体健康。"1968年2月11日写道："又想总理……想到今后不知是否还能见到总理，真想放声大哭一场，极力排解"。1968年1月24日写道："今日甚想念总理……早就想写一点东西，将总理的工作作风，为人品格留下记忆，不知今后还能写否。想到总理忠心耿耿日夜操劳，既惭愧又难过。"1968年1月27日写道："看报见总理照片亦消瘦，恐太劳，回想种种，不堪回首，不禁落泪，总理今年满七十岁矣。”等等。

他特别检查了自己从1945年起跟随周总理工作十八年，其中十年曾朝夕相处。总理对他帮助关怀、爱护备至。有四件事使他感到深深的内疚。一是1954年改建怀仁堂时，总理的意见他未能虚心接受，还要态度。总理不仅未责备反而耐心讲清道理。按总理的意见修改设计后，效果非常好。第二件事是，1955年齐燕铭肾癌手术后，国管局为了照顾他的身体，劝他搬出中南海，为他找了砖塔胡同的房子。当时总理怕影响工作，并不愿意他搬家，但又不好过分勉强。这件事未能尊重总理的意见，他多年来总感到不安。第三件事是，1956年中央机关组织干部脱产学习，他想借此机会离职轻松一段。总理不甚同意。他仍

1972年齐燕铭夫人从干校回京后与三个女儿合影

是向总理要求说，病未全好，边学习边休息一段。总理也就不好坚持。最后是在1962年大病之后，总理让童小鹏来看望他，并向他表示：望病好后仍回国务院工作，不要再去文化部了。过几天总理请他吃饭，又问他：愿意留国务院还是去文化部？总理的意思是希望他留在国务院，但他则说仍想去文化部。此事他想来想去非常痛心，后悔晚矣！没有体会总理对他的爱护与挽救。

从几本日记里断断续续的文字中，可以看到他的心路历程。他在这里细细翻阅着自己的历史。监狱的七年，让他在这人生的道路上伫足反思，以期今后的脚步更加坚定、扎实。

有了这一段的自我修养和提高，他被“解放”后能以大局为重，对于自己遭受的迫害没有表示不满和抱怨，更没有消沉，而是积极向上，对国家的前途充满信心。他不计较个人的得失，全身心地投入工作，努力弥补损失的时间。

# 十三、“解除监护”，立志研究新中国经济史

1975-1978

## （一）解除监护

1974年9月，王洪文将出席国庆招待会人员名单送请周恩

来审阅。周恩来忍着病痛，给王洪文和中共中央政治局写了一封信，对参加国庆招待会人员名单提出了意见：“昨晚你交我国庆节招待会拟见报名单，并告我已经主席一一听过，主席当即提出要加萧华、李力群、侯宝林三人，又问及商震是否列入。经政治局昨晚讨论，你告我遵照主席精神，又加刘志坚一人。昨晚我匆匆看过名单，便想到齐燕铭。”正是在周恩来的亲切关怀和直接过问下，9 月 29 日，齐燕铭终于被“解除监护”，结束了长达七年的“隔离审查”。

齐燕铭从监狱中走出来的第二天，即接到通知，让他去人民大会堂参加国庆宴会。

据《周恩来生平全记录》一书记载：周总理参加这次国庆招待会，提前到达人民大会堂北京厅，刚坐下便急不可待地告诉旁边的国务院管理局高富有副局长：“请您找傅崇碧同志、肖华同志、刘志坚同志、齐燕铭同志来这里，我要见一见他们。”不大工夫，肖华、刘志坚、傅崇碧先后到达北京厅。不管谁进来周恩来都迎上去与他紧紧地握手。齐燕铭去参加了招待会，但不知何故无人告知周总理要见他的事，失去了去北京厅见总理这个珍贵的机会。

就在这次国庆招待会上，齐燕铭从远处看到了多年未见的周总理。看到总理那极度消瘦的面容，想到他肩负千斤重担，顶着巨大压力，忍受疾病的折磨，还在苦苦支撑着几乎倾覆的大厦，齐燕铭一时激动得泪流满面，说不出一句话来。

回家后他与妻子冯慧德彻夜长谈。他们对国家当前的形势

1949——1974

为庆祝中华人民共和国成立二十五周年
订于一九七四年九月三十日（星期一）下午
七时半在人民大会堂宴会厅举行招待会
请参加

周 恩 来

齐燕铭解除监护后，被邀请参加1974年国庆招待会的请柬

十分担忧。江青以“评法批儒”为名，影射攻击周恩来，胡说“运动的重点是批党内的大儒”。而老一辈革命家仍被束缚着手脚，青年一代许多人受蒙蔽……他们感到心急如焚，以致两天两夜未能成眠。

1974年10月2日晚，李先念副总理在国务院会议厅接见了新被“解放”的十几位同志（张劲夫、韩光、马文瑞、江一真、陈漫远、杨秀峰、杨奇清、李昌、蒋南翔、孙大光、沈其震、李一氓、齐燕铭），接见时有纪登奎、华国锋、余秋里在座。李先念，纪登奎讲了话。

以后，齐燕铭参加了国务院办公室组织的学习班。当时“四人帮”还不曾粉碎，齐燕铭的结论还没有做出，工作也没有着落。他们这批人每周一、三、五学习三天，还先后组织他们参观过“林彪公馆”、通讯卫星地面站、大港油田、原子反应堆、大寨大队、林县红旗渠等地。这时齐燕铭虽然未担任什么工作，但十分关心政治形势，时时注视着“四人帮”的一举一动，经常与万里、李一氓、于光远、夏衍等许多老同志交谈，对历史

1975 年解除监护后参加了国务院的学习班。这些是他的同学们，前排右起：李一氓、齐燕铭、李昌、孙大光；后排右起：马文瑞、胡立教、江一真

参加国务院办公室组织的参观活动（1975—1976）

76年11月26日 晚

耿飚同志：

最近借得一本文化部大字报选编，其中载有音乐学院教师李春光的一篇大字报，揭发四人帮在文化部的黑爪牙推行[illegible]批示，结党营私、排除异己的罪行。这篇大字报是一九七五年写的。不但这种在四人帮[illegible]下反潮流的勇敢精神难能可贵，而且从文字上说，也是一篇好文章。毛主席所提倡的文章要生动、鲜明、[illegible]、简而有力。李春光这个人我不清楚，[illegible]，建议此文可否在报刊加上编者按语转载。

近年来，四人帮的阴谋篡党夺权，反对唯物论，肆意篡改和歪曲马列主义、毛泽东思想。不但在政治、经济、文化等各条战线上造成极大破坏，而且形成了一种十分恶劣的文风，已成为一般报刊文字定式。其特点是陈词滥调、[illegible]，不讲真话，死气沉沉。流毒所及，遍于全国。这对于学习马列主义、毛泽东思想，对于坚持辩证唯物论，反对形而上学唯心论，对于坚持毛主席革命路线，反修防修都十分不利。必须采取措施，大力整顿。我认为这应作为当前反对四人帮反党集团的斗争，在大批判中的一个重要内容。所以如可以转载这篇大字报价值[illegible]。

以上意见，不知当否，写出来请[illegible]。

此致

敬礼

1976年11月26日，齐燕铭给当时负责宣传的耿飚同志写了一封信，推荐音乐学院教师李春光的一份批“四人帮”的大字报，建议报刊转载。文革中形成了一种十分恶劣的文风：陈词滥调，不讲真话，死气沉沉，流毒遍于全国，齐燕铭认为应该将此作为大批判的一个重要内容上的各种事进行反思。一次，他为支持音乐学院教师李春光一篇批判“四人帮”的大字报专门给耿飚同志写信。这些都表明了他的政治态度。

1975年4月7日齐燕铭去人民大会堂参加董老追悼会，遇见了邓颖超同志。邓大姐对他亲切表示“早拟约谈，因事未果”。4月16日，齐燕铭如约去西花厅看望了邓大姐，邓大姐传达了周总理对齐燕铭的教导。直到1975年6月23日，专案组“一办”才将他的结论批件送来，并告知中央已于3月18日同意。在此结论中仍写着他在文化部犯有严重修正主义路线错误。这是使他痛心又无法理解的。但他不愿再提，只希望能尽快恢复工作。他在万里等同志的关心、建议下，给周总理写了一封信，谈了对工作的想法。现摘录如下。

文革后期解除监护后齐燕铭夫妇合影

一九七五年七月二十三日上总理书：

总理：

最近得到“一办”通知，我的审查结论已经中央批准，云历史清楚，政治无问题，犯有严重路线错误，是人民内部矛盾，恢复组织生活，由山东省委安排……。我的健康已恢复，自信尚能为党工作多年，几十年来，我对于组织分配从未讲过价钱，只是此次对于去山东不无考虑。因我素无地方工作经验，加上八年中脱离实际，思想跟不上形势，工作确有困难。近年来，学习理论稍有进益，如能分配去国务院政治研究室，不必安排地位名义，只在下面做点调查工作，自问尚能胜任。否则到经济部门做些资料研究工作亦无不可……。在力所能及的工作岗位上，奋力为人民做点有益的事，其它无所求。

周总理对我知之甚深，所以将个人对工作分配的想法押缕上陈，当否请批示。

近来总理欠安，时深悬念，但夙知周总理体质极好，生活谨饬，高瞻远瞩，情绪乐观，加以调养，必能早日康复。

敬礼　并祝健康长寿　　齐燕铭

1976年1月8日敬爱的周总理与世长辞，齐燕铭非常难过，他在日记中写道，这是我有生最难过、最难忘的一天，惶惶若失、若无所依……后写信给邓大姐表达自己的心情。此后他为宣传周总理光辉业绩做了一些工作。1976年他在计委讲总理事迹；并撰写纪念周总理文章。1977年1月去革命博物馆参加审

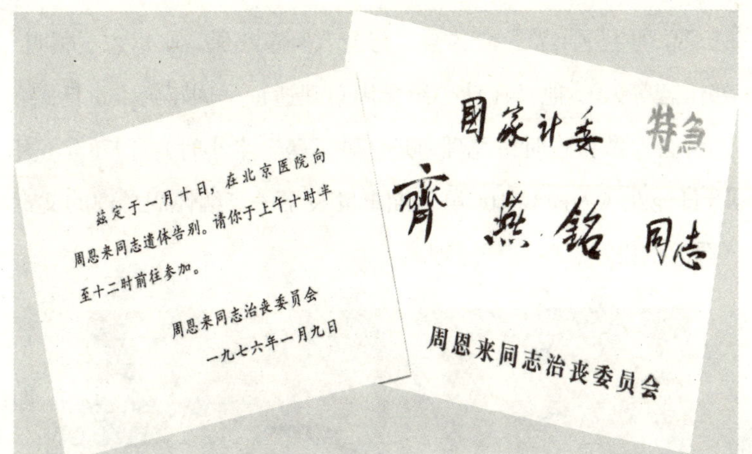
兹定于一月十日，在北京医院向周恩来同志遗体告别。请你于上午十时半至十二时前往参加。

周恩来同志治丧委员会

一九七六年一月九日

国家计委　特急

齐燕铭同志

周恩来同志治丧委员会

珍藏的参加总理悼念活动的通知

总理逝世一周年时，齐燕铭撰写的发言稿（草稿）

查“总理生平展览”座谈会（与会者有童小鹏、廖承志、顾明、郭化若等人）。他又在计委纪念周总理逝世一周年会上讲话；给物价会议做报告时讲总理事迹（讲了两个半小时）。1978年6月18日他在《人民戏剧》第六期上发表了一篇缅怀周总理的文章《看话剧报童、缅怀周总理》。

1976年5月齐燕铭夫妇结识五十周年合影

## （二）立志研究新中国经济史

在周总理等领导同志的关心下，齐燕铭的工作问题得到初步解决。10月16日，齐燕铭被任命为国家计委经济研究所顾问。他到国家计委经济研究所工作后，决心编写一部新中国的经济史，并把革命根据地的经济史作为它的序幕。为了完成这一巨大的工程，他先后与薛暮桥、许涤新、于光远等同志多次商谈；与赵效民、诸盘石、许毅、沈经农、秦毅伯、胡瑞梁、罗元铮、温济泽、王礼岐、诸班师等同志编写计划和提纲；看有关经济史论著并作提要；去北京图书馆、中国革命博物馆、军事博物馆等单位借阅革命史资料；访问宋任穷、谭震林、何长工、钱之光、刘鼎、吴亮平、王观澜、魏传统等老同志，了解中央苏区情况；到江西吉安、遂川、茨坪、茅坪、宁冈、大井、小井、永新等地作实地调查。

为了给新中国经济史的编撰做铺垫，齐燕铭计划首先组织编辑《井冈山革命根据地的经济斗争》和《中国革命根据地经济史》这样两本书。经过一年多的努力，他终于指导经研所中国现代经济史组的同志们写成了《井冈山革命根据地的经济斗争》一书，并于1977年7月14日函请江西人民出版社审阅出版，用以庆祝创建井冈山革命根据地50周年。1977年10月，为了继续完成《中国革命根据地经济史》的编写工作、齐燕铭又与中国社会科学院中国现代经济史组的同志们一起去福建上杭、古田等地作实地调查，解决疑难。

齐燕铭回到北京以后不久，被任命为中共中央统战部副部

1977 年齐燕铭为研究新中国经济史，到江西老革命根据地调查时留影

齐燕铭夫妇1977年到原革命根据地中华苏区调查，调查组与当地干部合影

齐燕铭在福建上杭、古田等地调查

齐燕铭带领中国社会科学院经济研究所的同志们去江西、福建革命根据地调查。这时他身体已经很差，为了不使妻子为他担心，几乎每天一封家书，报告他工作的进度和身体的状况

慧清：

卅日来信今日收到。现在将到赣后的活动，简单报告一下，以释远念。

廿五日到后，当晚访莫循同志了解江西概况。廿六日省委请吃饭，书记黄知真、秘书长彭[illegible]和莫循同志出席。二十七日访问了两位老同志：一刘俊秀（原党校四部，好像你还教过他），二谢象晃。廿八日参加省委召开的传达会，由江渭清同志传达了华主席和叶帅的两个讲话。同时借了九个文件看了。

廿九日下午乘车出发，当晚到吉安住招待所。次日，卅日去遂川，原[illegible]同志在这里组织了十五位同志（北京学部任编写的四人，地方十一人）写书。这里山青水秀，生活不错，北京来的人都长胖了，宿舍前有一小河可游泳。卅一日当晚同他们座谈了一次。

1977年齐燕铭去江西调查革命根据地经济历史时，遇到30年代在山东的老战友莫循。这是在庐山与莫循夫妇合影

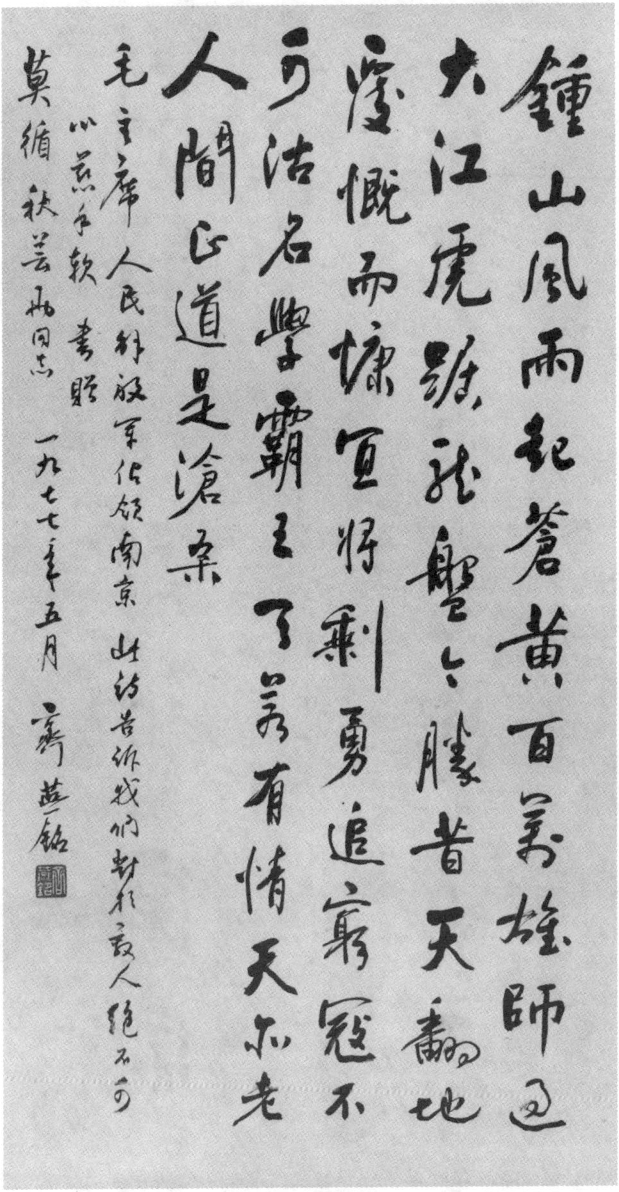

钟山风雨起苍黄，百万雄师过大江。虎踞龙盘今胜昔，天翻地覆慨而慷。宜将剩勇追穷寇，不可沽名学霸王。天若有情天亦老，人间正道是沧桑。

毛主席人民解放军占领南京 此诗昔作我们对于敌人绝不可心慈手软 书赠

莫循 秋芸两同志

一九七七年五月 齐燕铭

1977年5月为莫循夫妇书毛主席诗七律人民解放军占领南京

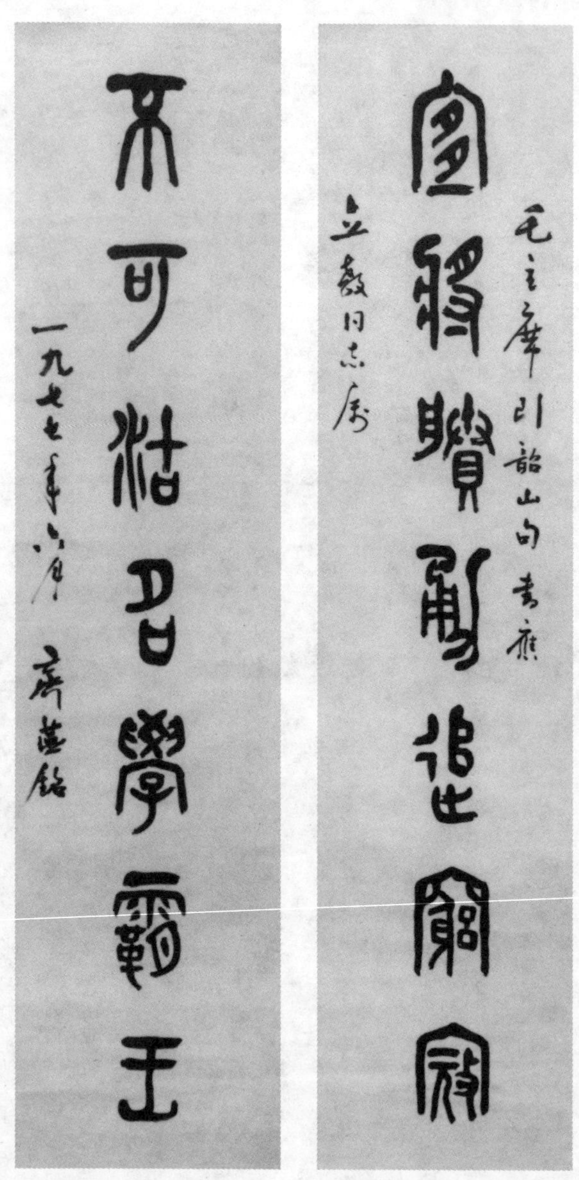


1977年6月为胡立教同志书毛主席诗句联

《井冈山革命根据地的经济斗争》初稿

剑英同志：

送上《井冈山革命根据地的经济斗争》一册，请予指正。

这个小册子是我在今年上半年组织了一部分同志，同江西省地方合作，为了纪念今年井冈山革命根据地建立五十周年而编写的。

我从一九七四年就到武汉，七五年到计委经济研究所工作。选了一个研究题目，拟将中国从新民主主义革命时期开始，直到解放

第 1 页

给叶剑英同志写信的信稿

关于经济研究所今后规划的报告

（讨论稿）

张衍同志并报秋里同志、委党组：

经济研究所自一九七五年秋季筹建以来，在委核心组的领导下，做了一些工作。但是，由于“四人帮”的干扰和我们自己工作抓得不紧，调配干部进展缓慢，工作还没有真正走上正轨，这同当前经济发展的大好形势很不适应。最近，在华主席“树雄心，立壮志，向科学技术现代化进军”的伟大号召下，召开了全国科学大会，社会科学的规划会议也将在五、六月份召开，我们计委经济研究所也需要根据华主席和党中央的多次指示，制定出今后发展规划，切实加以充实和加强。现将我们的初步意见，报告如下：

一、关于计委经济研究所的方针任务问题

国家计委经济研究所的方针和任务应当是：以马列主义、毛泽东思想为指针，坚持

关于经济研究所今后规划的报告

1977年冬在南沙沟家中客厅

在齐燕铭指导下编辑出版的《井冈山革命根据地的经济斗争》，由江西人民出版社出版；《中国革命根据地经济史》，由广东人民出版社出版

长、全国政协秘书长、全国政协机关党组书记。重新接过这副重担，他的身体已相当虚弱。尽管工作繁忙，他还是抽出时间过问《中国革命根据地经济史》的编写工作。1978年6月8日至10日，他专门赶到杭州与经济史组的同志们座谈。8月15日，他在北京医院住院期间，还找经济史组的同志来交谈。可惜他竟在两个多月后与世长辞，没有亲眼看到这本著作的问世。1982年8月5日许涤新在《中国革命根据地经济史》这本书的《序言》中写道："令人痛惜的是齐燕铭同志未能看到这本书的出版。而于1978年10月逝世了！这本书是浸透了齐燕铭同志的心血的。它的出版，实现了他的一个宿愿。泉下有知，我想，他一定会为之而欣然的！"

对于研究新中国经济史，他还有许多想法，可惜由于过早地离去，编写新中国经济史，总结中国社会主义经济建设宝贵经验教训的宏愿只能留给后人来完成了。



# 十四、“文革”后的第一届政协会

1978

## （一）五届政协——“文革”后第一次聚会

1977年11月，燕铭同志再次担负起中共中央统战部及全国政协的工作。

由于“文革”的干扰破坏，人民政协停止活动已有十几年。1977年8月中共十一大会议上提出，在召开第五届全国人大同时召开第五届全国政治协商会议的建议。

1977年12月27日至29日，政协四届全国委员会常务委员会举行第七次扩大会议。这是粉碎“四人帮”、人民政协恢复活动后举行的第一次常委会。中共中央十分重视这次会议的召开，中共中央主席、副主席、政治局委员和候补委员都参加了会议。政协第四届全国委员会主席、副主席、常委共159人，已故62人，因各种原因不能出席的34人，出席会议的仅63人。会上政协副主席叶剑英作了重要讲话。他指出，五届人大和五届政协

1977年12月全国政协四届七次常委会扩大会议在京召开

的召开，将是中国人民政治生活中的一件大事，是从政治上、组织上巩固粉碎“四人帮”的胜利成果，实现安定团结，继续执行中共与各民主党派“长期共存，互相监督”的方针。这次会议决定，于1978年春召开政协第五届全国委员会第一次会议。

朱雨滋同志说：“燕铭同志被任命为中共中央统战部副部长，全国政协秘书长及机关党组书记后，立即紧张投入五届政协一次会议的筹备工作。他曾经在1946年随周恩来同志参加过旧政协工作，解放后又协助周恩来、李维汉参加过新政协筹备工作。让他挑起恢复人民政协工作的重担，本来是驾轻就熟的，但经过‘文化大革命’这场灾难，各方面情况都有很大变化，筹备时间又这么短，工作难度确实很大。但他二话没说，勇敢地挑起了这副重担。他又以忘我的工作热情和极端负责的精神迅速投入到恢复和发展人民政协的工作中去。他曾深情地对我谈起周总理生前对统战工作、政协工作非常关心，决心继承总理遗志，克服困难，把工作做好。”

1978年2月24日至3月8日全国政协五届第一次会议在北京举行，新当选的全国政协主席邓小平同志讲话

对于他参加筹备召开五届一次全国政协会议工作，他在日记中有许多记载：1978年1月11日，“去统战部开会，谈政协章程等文件，决定章程、章（程）说明、工作报告、开幕词起草工作归我负责”。12日，“去政协开会，谈工作报告与开幕词，分工赶写。去统战部与友今改写章程并问说明起草情况”。13日，“上午去政协开会谈两文件，下午去统战部谈章程报告修改”。14日，“统战部开会谈文件、名单”。2月6日，“上午9时去九号院开会，讨论政协三个文件，下午3时到政协布置修改，我饭后改成。”8日，“去九号院开会，通过政协三个文件，谈名单。”齐燕铭自1月11日接受任务之后，经过将近一个月的时间，在各方面的共同努力之下，即为政协四届八次常委会和五届一次全委会的召开，做好了各项准备工作。

1978年2月24日至3月8日，政协第五届全国委员会举

全场响起经久不息的掌声

行第一次会议。这次会议距1964年12月召开的四届一次会议已愈13年。本届全国政协委员共1988人，比上届增加了三分之二。中共代表增加了，各条战线上的英雄模范，为国家做出贡献的科技、教育、文化、卫生、体育各界专家和优秀工作者，全国各兄弟民族代表，台湾同胞、港澳同胞、归国华侨的代表等有着广泛的代表性。各界代表从“四人帮”的枷锁下获得解放，爆发出极大的热情，渴望参政议政。因此，开好这次会议，具有极为重要的意义。齐燕铭作为这次大会的秘书长，承担了繁重的工作，主要是：召开秘书长会议、小组长会议，到乌兰夫等同志处谈工作安排，在人民大会堂台湾厅、京西宾馆、统战部礼堂、国务院第二招待所等处开会，在友谊宾馆礼堂召开参加选举工作人员会议，讨论决议，审批大会期间的全部会议简报，等等。3月8日，会议通过了《中国人民政治协商会议

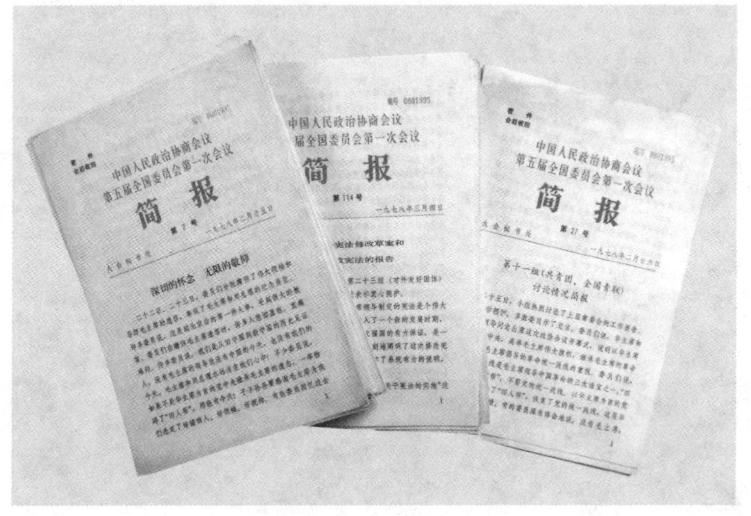

五届政协一次会议简报

第五届全国委员会第一次会议决议》和《中国人民政治协商会议章程》，选举邓小平为政协第五届全国委员会主席，乌兰夫等22人为副主席。齐燕铭为秘书长，丁光训等244人为常务委员。

沙里同志说："恢复政协活动的重担，又落在齐燕铭同志的肩上。由于长期被关押，年华的消逝，燕铭同志已显得苍老多了。尽管如此，他对工作的热情，认真负责的精神仍不减当年。

政协五届一次会议对许多委员来说，是一次劫后重逢的聚会，也是一次互诉劫难的大会。当时党的十一届三中全会尚未召开，能参加这次大会，许多党内外的同志既兴奋又心存余悸。燕铭同志是这次大会的组织者，他经常工作到天亮。这是因为已近14年没有开大会了，许多本来熟悉的会务工作，对许多人

五届政协一次会议文件汇编

变得陌生起来，怕出差错，他都亲自过问。这次会议的简报内容也特别丰富，在短短几天时间内，出了160多期简报。由于兴奋，大家的话也特别多，但由于还有余悸，简报上的每一个字、每一句子，讲话者本人都很谨慎，因此燕铭同志对每一期简报都亲自审稿。我每天总是要到深夜或凌晨才能把稿子送给他，而他总是立即审阅。燕铭同志对工作极端负责的精神，深深感动了政协大会的每一个同志，我们总是想尽量减轻点他的负担，让他早点休息，但他把全部精力倾注在工作上，简直是在和时间赛跑，直到他生命的最后一刻。”

### （二）政协工作的恢复

五届政协一次会议之后，齐燕铭多次召开政协机关党组会、秘书长会议，明确党组成员和秘书长分工、工作机构和负责人名单、工作规划、学习情况和揭批“四人帮”运动安排、机构编制、落实政策等，使全国政协的工作逐步恢复，各项活动逐步开展起来。

经过一段时间的酝酿和讨论，齐燕铭于3月29日向邓小平、乌兰夫报送了《关于政协今年工作规划的请示报告》，对常务委员会会议制度、参观访问、工作组设置、学习、文史资料工作、节日招待酒会、外事活动和对台宣传等问题都提出了规划意见。5月中旬中央将这一报告批转各省、自治区、直辖市党委等单位参考。

3月30日，针对五届政协一次会议之后来信来访迅猛增加的情况，齐燕铭向乌兰夫报送关于全国政协来信来访工作的意见，经中央领导同志批示后执行。4月1日，他又向邓小平、乌

1978年申伯纯80寿诞，齐燕铭、吴波、刘鼎为其祝贺
（左起吴波、齐燕铭、申伯纯、刘鼎）

1978年初齐燕铭夫妇与童小鹏夫妇

1978年初，左起杨静仁、齐燕铭、李贵、童小鹏

兰夫报送《五届政协常委会下的组织机构和负责人名单》，经中央领导同志批准后提请政协常委会通过。

4月12日齐燕铭在北京市政协作关于政协章程的报告，着重介绍了全国政协章程产生的背景和政协的由来，并根据修改后的章程，阐述了政协的性质和作用。他指出："经过'四人帮'这一段，有些人'心有余悸'还没有完全解决，要真正做到知无不言，言无不尽，政协还要多做工作。""要广开言路，广开才路，把这两方面的工作做好。"他说，"广开言路"不容易，没有地方说话可以到政协来说。我们要多做工作，使人们敢于讲话。说得对，我们就采用；说得不对，可以参考或解释；说错了也不要紧，可以展开批评甚至斗争，同时也使我们知道社会上存在这种思想。通过政协这个渠道联系广大群众，对我党的工作和政府的工作只有好处，不会有坏处。"广开才路"就是可以通过政协委员们提出哪些人学非所用，哪些人怀才不遇。对于学非所用和有用的人才而没有能够发挥作用的，可以提出来请有关部门考虑。这对我们实现华主席提出的加速实现社会主义现代化，不仅没有妨碍，而且有很大的好处。他还说，这次政协开会以后，收到了九千多封信，每天来访的有三四百、五六百人。我已经关照工作人员，要认真注意处理这些问题，人家既然找来了，就是有困难没解决。我们要认真处理分类，从中看一看社会动向。现在来找我们的人，最多的问题是：第一，要求解决右派帽子问题，从1957年到现在，已经二十多年了，还戴着右派帽子，影响子女，影响工作，影响生活，这是个问题，中央讨论了是要解决的。第二个是落实政策的问题。其中有很多被冤屈的，根本不是叛徒、特务。这要解决，不解决怎么得了。问题没解决就找你，找你是对你的信任，不要厌烦，不要因为找的人太多就讨厌了，这就不好了。”他千方百计调动大家的积极性，以便做好政协的工作，发挥应有的作用。

4月17日，他又召开政协秘书长办公会，讨论政协1978年工作规划、副秘书长分工、来信来访工作。会上，齐燕铭强调说：“从一系列报告的精神看来，要我们振作起来，不是应付，而是要真正让工作活跃起来，广开言路，广开才路。第一，广开言路，就是能够听取大家意见，向各方面反映、建议，不对的要解释，不符合六条标准的，要进行批评、教育。不论是党的工作，国家的工作，政协是很重要的渠道，通过这个渠道向有关部门反映意见，改进工作，达到巩固无产阶级专政、实现四个现代化的目的。第二，广开才路，四个现代化很需要人才，还有一些人才被埋没，有一部分人向隅。首先是人尽其才，这工作很麻烦，对有的人安排不当的调整问题，委员的生活、子女、家属问题，这些工作非常复杂。秘书处的工作很重要，政协不能嫌麻烦，要把这工作担任起来。”当时十一届三中全会还未召开，他还是戴着“犯有严重路线错误”帽子的干部，“极左”的影响还严重，他敢于反复提倡“广开言路”、“广开才路”，是冒相当风险的。

4月25日，召开党组会，谈学习问题。齐燕铭在会上发言指出：中共中央通知要大张旗鼓地普遍宣传和贯彻新宪法。在

1978年7月28日陪同邓颖超同志接见外宾（左二齐燕铭，右一罗青长）

"四人帮"横行时期，社会主义民主和社会主义法制都被破坏了，流毒很深，危害很大。所以，一定要结合着揭批"四人帮"，宣传和贯彻新宪法，发扬社会主义民主。这是新时期工作顺利的重要保障。建立机关的规章制度，工作要讲效率，不要有做官的习气，要检查一下学习的情况。机关的规章制度，要先抓一些最重要、最迫切的，很快地建立起来。

5月9日，齐燕铭在全国政协文史资料研究委员第一次全体会议上讲话。他指出：周总理1965年3月在四届政协第一次常务委员会上讲话时提到："文史资料要有正确的方向，要存真，要实事求是。要使资料成为历史研究的素材。"不要"哗众取宠，故作惊人之笔"或"近于消遣"。周总理的指示是对过去

齐燕铭同志 1978 年会见原东北大学校长宁恩承先生

文史资料工作的总结，也是今后文史资料工作遵循的方向。今天搞这个工作还带有抢救性的意义，许多革命老人，林老，吴老、董老都不在了，他们知道的许多事情没有记下来。抗战前的“七君子”，现在也没有几位了。要尽量抢救，为后人留下宝贵资料。

在政协机关，他坚决果断地大胆启用干部。他在和政协机关党组的同志商量之后，在机关全体工作人员大会上庄严宣布，凡是“文革”中“靠边站”的人，不管是什么问题，在未做结论之前，先参加机关的日常工作。这一举措迅速扭转了机关冷冷清清的局面。紧接着他又狠抓落实政策的工作，在机关党组织的领导下，成立了落实政策小组，对一些同志的问题进行了复查，解决了35位同志的落实政策问题。与此同时，齐燕铭还

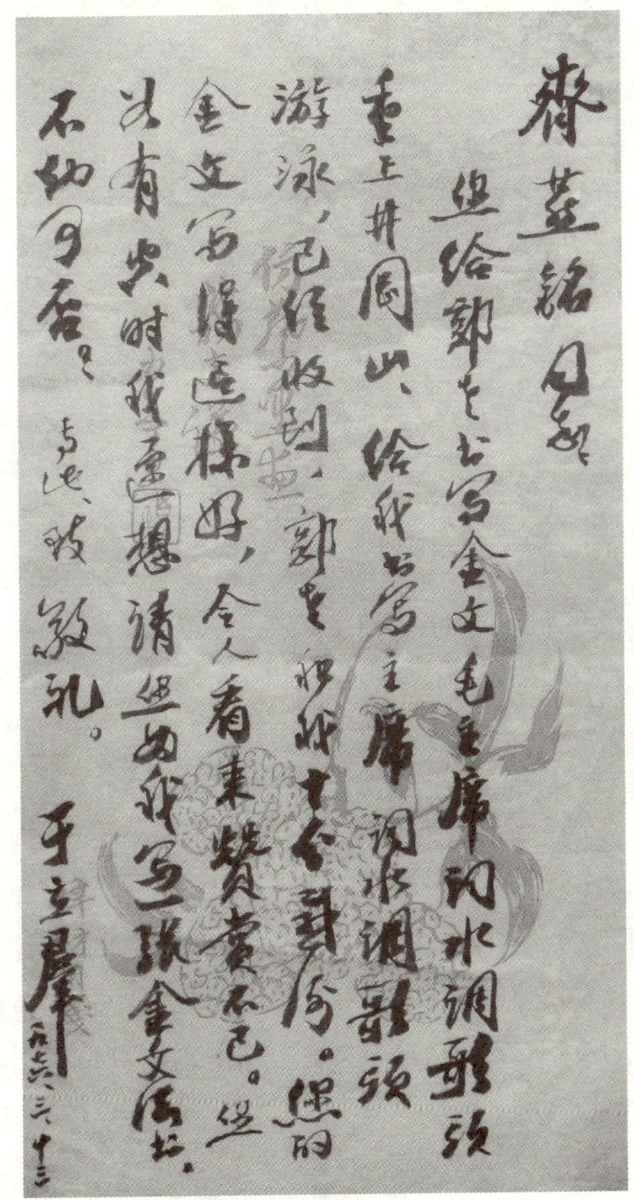

齐燕铭同志：

您给郭老所写金文毛主席词水调歌头重上井冈山、给我所写主席词水调歌头游泳，已经收到，郭老和我十分喜爱。您的金文写得这样好，令人看来赞赏不已。您如有空时，我还想恳请您为我写一张金文条幅，不知可否？

专此、致

敬礼。

于立群

一九七六、二、十三

郭沫若夫人于立群写给齐燕铭的信，感谢他所赠书法特别关心1957年反右斗争扩大化引起的落实政策问题，关心清查政协机关与“四人帮”有牵连的人和事，使一些同志早日进行检查，放下包袱，轻装前进。

由于长时期的繁重工作，齐燕铭同志的身体状况一直很差，他1955年患肾癌，切除了一个肾；在文化部工作时，患心脏病住院；“文革”监禁时期胃大出血切除了胃，还患有高血压病。“文革”中，受到林彪、“四人帮”的迫害，被“隔离审查”七年，受到非人的待遇，极大地损坏了他的身体健康。到全国政协机关工作后，齐燕铭的身体状况实际上已到了极其糟糕的地步。但他仍然带病坚持工作，每天都要处理大量繁重的日常工作。如：5月14日，审批《中国人民政治协商会议全国委员会工作组织简则》。5月19日召开秘书长办公会讨论政协机关学习情况和运动安排。5月20日召开政协机关全体工作人员大会，动员学习和运动安排。6月5日召开政协机关全体工作人员大会，作关于拨乱反正、揭批“四人帮”，真正把政协工作活跃起来动员报告等。6月11日至23日，受宋副主席的委托，专程到上海参加了中国福利会成立40周年的庆祝活动。6月23日，即齐燕铭同志从上海返京的第二天，终因积劳成疾，住进了北京医院。

住院后，他仍以惊人的毅力坚持工作，找人交谈，参加活动，召开会议，批阅了大量文件、来信。如：他向邓小平、乌兰夫报送关于召开政协五届二次常委会问题的报告；关于政协机构和负责干部变动问题的报告；关于恢复中央社会主义学院问题的报告；关于恢复“双周座谈会”问题的报告。

1978年6月齐燕铭去上海参加中国福利会成立40周年的庆祝活动

1978年6月齐燕铭去上海参加中国福利会成立40周年的庆祝活动

1978年，齐燕铭在南沙沟家中

在此期间，他参加了中央政治局扩大会议，列席全国人大常委会，他在医院约统战部同志开会和召开全国政协党组会。

他参加罗瑞卿同志追悼会，还先后主持何以瑞、张纪元、余心清同志追悼会。

他继续参加外事活动，会见法中友好代表团，陪同叶剑英副主席在人民大会堂台湾厅会见客人，陪同邓颖超同志在人大会堂新疆厅会见美籍华人，……

他先后约请过十余人到医院谈工作，他还阅批大量文件、来信。直到10月10日下午，齐燕铭还嘱咐秘书11日到医院来，再谈谈机关揭批“四人帮”的情况，为他13日在全国政协机关

曾任中央人民政府办公厅副主任和国务院机关事务管理局局长的余心清同志。早在抗日战争时期与齐燕铭结识，建国后多年共事中成为挚友。不幸文革中余心清被迫害致死，齐燕铭十分难过。在齐燕铭病重住院时，正值余心清平反补开追悼会，齐燕铭带病亲自主持，不想，会后不久，他自己也与世长辞

工作人员大会上的动员报告做进一步的准备。是夜他还与同住北京医院的李一氓同志长谈。11日晨，他突发脑溢血，陷入昏迷，半身麻木，口张目闭，不省人事。很多领导同志前来看望或电话慰问，北京医院也采取了各种抢救措施，但他再也没有清醒过来。

1978年10月21日中午，齐燕铭同志的心脏停止了跳动，终年七十一岁。

齐燕铭一生有许多不幸的遭遇，凶险的病魔和“四人帮”的迫害曾严重摧残他的身心，使他过早地去世，使他未能看到党的十一届三中全会召开，使他未能见到历史上国家经济发展、社会和谐的时代。在他正当精力充沛、最富有工作经验的时候，荒废了近十年的光阴。但纵观一生，他还是很幸运的。最幸运的是，在参加革命的四十年中，亲身参与了新中国的政权建设，有一半的时间是在伟人周恩来同志的直接培养、教导、关怀下工作，施展才华和抱负；他有幸能活着看到“四人帮”倒台，有幸在生命的最后一年，又发挥了他的能力，为筹建“文革”刚过

的第五届全国政治协商会议付出了汗水；他还留下了一些墨迹和作品。组织上为他举行了一个近千人参加的相当隆重的追悼会，邓小平同志、李先念同志、邓颖超同志和宋庆龄副主席参加了追悼会。

他是那个年代数以千计的省部级干部中的一员，他具有高级知识分子参加革命的典型经历。他们那一代干部，优秀分子很多，他们对新中国的建立和建设贡献很大，受到的批判也最多，饱受磨难。从他们身上我们可以看到许多反映时代的东西、闪光的东西，也会得到很多有益的启示，历史留下了他们光辉的一页，人民永远不会忘记他们。

# 十五、对传统文化的爱好与兴趣（诗词、金石、书法、收藏及其它）

齐燕铭的家族算得上是北京的世家。在家庭的熏陶下，他从小对诗词歌赋、琴棋书画都有浓厚的兴趣。祖母和父亲教他读古诗词、写篆字、刻图章。父亲齐之彪写一手何子贞派的小楷，他写的扇面在荣宝斋也属于珍品。齐燕铭幼时练字都有父亲给他写帖。在中学时代，齐燕铭对楷书、隶书和小篆都下过苦功夫。到大学时，随国学大师吴承仕治小学训诂，对金石篆刻自然也更加爱好。当时齐燕铭曾从北平著名的篆刻家寿石工学过刻印，每晚刻图章、写字都是必修的功课。他与同学潘伯鹰、吴兆璜、贺孔才等经常研讨书法的问题，以后他们几人在这方面都很有成就。从十岁开始，齐燕铭就学写旧体诗词。大学阶段与自己的同窗好友、即后来的爱妻冯慧德，经常共同研读诗词，也相互赠诗。后来都用小楷抄在他们共有的诗文簿上，有空时两人就拿出来诵读。中华民族的文化博大精深，他们共同在这文化的海洋里探寻、吸吮和享受！

可惜日本帝国主义的侵略打断了中国青年人的美梦。抗日救亡运动的号角吹响，齐燕铭只能放弃家庭，放弃自己的专业和爱好，奔向抗战前方。此后。抗日战争、解放战争，解放全中国、建设新国家的革命任务落在他们这代人的肩上。齐燕铭不仅无暇关注诗词、书画、金石，连他视为最大享受的读书也常常不得不放弃。在中央和国家机关工作的年代，他要管的事情数不清，大到研究宪法，研究统战政策、知识分子政策，管民主人士的生活、住宿，小到管清扫怀仁堂、订国宴的菜单、晚会的戏单等。他的秘书形容说，他的办公室像作战部，电话铃响个不断，人员出出进进。给他当秘书，经常见不到他，只能通过电话与他联系。在这样的环境里，自然无法顾及诗词、书画、金石……等。那些年代，过去写的诗词自然早就丢了。百忙之中，他唯一使用毛笔的机会，是批文件、写信函。他极少给亲人和朋友们写字，偶尔用到书法也多半是在中华书局、荣宝斋、西泠印社或杜甫草堂等单位庆典的场合。在这个他钟爱、擅长而几近荒疏的园地里，我们只能捡拾起以下零落的遗存。

## （一）诗词

齐燕铭早年写的诗词不复存在。战争年代和新中国建立后那些紧张的日子里，他不再有闲情逸致，几乎想不起来做诗。“文革”中虽然无所事事，富有的只剩下了时间，可惜就是没有心情，所以也没有写多少，目前只留下极少的几首。1963年他大病之后休养期间，曾自己用毛笔抄录了《翠溪存稿》。“文革”后他也留下了《三松书屋诗存》，续抄在《翠溪存稿》的后面。这是它精神世界的点滴真实，留下供后人思念。

### 执手临歧别

（1938年）

执手临歧别，怆然念故知。
悲风惊木末，落叶满清池。
路狭车辙乱，思迁马辔迟。
疾风看劲草，壁垒共坚持。

这首诗是齐燕铭在战火纷飞年代里写的，为纪念自己亲密的战友张郁光、姚第鸿和范筑先司令。1938年11月15日，他们率700名战士在聊城与日寇血战到底，光荣牺牲，令齐燕铭十分悲痛。

1977年2月，齐燕铭担任国家计委经济研究所顾问期间，为聊城光岳楼重题这首诗，并写了跋文：“1938年11月15日日寇陷聊城，郁光、第鸿两同志与范筑先司令俱以身殉，莘县事变县长吕世隆同志牺牲时，余衔命驰赴濮阳，道经观城，遇

咽喉许的幸毋嬉同忾赴国誓还来指此路寒飓荐往祠
長堤绝无軌挽驾并方舟（近来及军间物後渡河和舟以俯闻设文方俗舟也）積冰汇
西下砯春遥阳侯支撑幸舟子掩渡（山东方言谓冰上为掩渡）竞渡头
古秋河水泛夹岸夹浮鸥敌之都野老十年九不收男妇
皆兼色携抱声啾啾依依别乡老耿耿哀隐忧来如海源
闻之後见纵伯周儒然下林老树其自乱降云烟桂火汲古绠
尔将士礼聚後报师宗成寇印禀洛闻之来隆汾亦足由
驺风飘四海川原失安流本根将覆灭华叶何以留吾仗
思与剑汲盟涤清九州悚然影声发拂眉以幸然

翠溪存稿

余夙不喜韵语何有所作旋復棄去今年秋養病休
息想理故簏得零札片纸遂录於此不加润色也录
於翠溪園名曰翠溪存稿 一九八三年十二月燕铭记

於海源阁 一九三八年二月在聊城作

自锺大明渚曾依太白楼（济宁有太白楼）标铎之所封乃生泽卤
立於高冈望景亳千古思悠悠（景亳为殷故址） 芒砀及丰沛逶迤
皆平畴重瞳锦衣归麾里何曾铜东海诚重镇郁此馆

纪光率队巡视城西，遂下马倚鞍论鲁西北形势。临别以坚持斗争相勉，途中感而赋此。纪光原名舒礼，郁光之弟也，时任观城县长。今聊城光岳楼重修索书于余，因书旧句，以为纪念。”

（摘自1988年11月23日《聊城日报》）

## 挽邹韬奋

（1944年11月22日）

1944年11月22日，延安陕甘宁边区政府大礼堂举行邹韬奋先生追悼大会，会场四周挂满了挽联、题词。其中一幅较长的挽词为齐燕铭所送，全文是：

为大众生活，为大众战斗，你是中国革命的知识分子勇敢、勤苦、坚韧的象征。

四零年，在重庆，你对我的工作热情的帮助，至今令人不忘。

那时，一群恶狗对您追逐、迫胁，他们要您屈膝、沉默，而您的回答是反抗、呼号。

中国的法西斯豺狼们，终于将你赶到日寇炮火下，使你颠沛流离，千山万水，损坏了你的健康，以至于死！豺狼们的血手做下戕害民族的罪行太多了，这又是一件。

为了抗战胜利，国家不亡，我们要改组政府，改组统帅部，成立联合政府和联合统帅部，可惜在这个斗争中，你竟长逝了！安息吧！同志，你的足迹将会由人民大众铺起建设新中国的基石。

齐燕铭敬挽

原载1944年11月24日延安《解放日报》，并收录在1985

年上海学林出版社出版的《忆韬奋》一书中。

**浣溪沙**

题钱君长征印谱

（1961年8月）

革命从来不怕难，长征万里越千山，壮绩长留在人间。

鸿爪雪泥今视昔，奋发蹈厉后承前，遗踪入印者谁钱。

（摘自《翠溪存稿》）

**为中华书局成立五十周年题诗**

（1962年1月1日）

五十年来负盛名，当时共许椠刊精。*

人民做主开新纪，文采风流迈旧型。

校理坟籍千载业，切磋疑义百家鸣。

社会主义光茫大，夕秀朝华启后生。

* 中华书局出版物夙以校对精审著称于世。

齐燕铭特别关注古籍整理出版事业，为此倾注了自己的心血。他对中华书局抱有极大的企望，值中华书局成立五十周年之际，他做诗、题词赠与中华书局。

**西泠印社成立六十周年纪念**

（1962年）

筑舍林泉护古香，雕虫小技亦文章，

推陈汲古出新意，炳烛前贤法后王。

（摘自《翠溪存稿》）

中华书局五十周年纪念 一九六二年一月

五十年来多盛名当时学术荣刊精人民作主开新运文采风流为旧型校理故籍千载业何妨将义百家鸣社会主义光芒大夕秀相华及色

题钱君匋长征印谱 浣溪沙 一九六二年一月

革命从来不怕难长征万里越千山壮绩长留在人间鸿爪雪泥今视昔旧书踪属以承前遗踪入印者谁钱

## 致　妻

（1967年12月）

禁营霜气夜凄凄，风动窗棂月向低。
梦绕云山心似鹿，魂惊汤火命如鸡。
献身革命期吾子，慰籍桑榆愧老妻。
纵使生还脱胎骨，沉舟病树夕阳西。

（摘自《三松书屋诗存》）

齐燕铭一生献给革命，从来都是乐观向上的，不曾坐过敌人的监狱，不想却被卷进自己党的牢笼。1967年底，正是最艰难时刻，胃大出血，心也在滴血，情绪低沉。给妻子的诗中透出从未有过的悲观、凄凉的心境，让人读后心绪难平。

## 慰　表

（1968年夏）

老表似阿环，娇弱畏炎热。
冬日尚精进，入夏甘扮袪。
置之冰壶上，清凉心机栝。
勉作龟竞走，勿为牛喘月。
一旦获自由，为汝荡胸垢。
相期共黾勉，无使中途折。
奋飞有信心，万难犹辟易。
道路正辽阔，晚节须自励。

（摘自《三松书屋诗存》）

鯫生　一九七六年除夕

鯫生何事領因罪四度隆冬又歲窮曾子殺人
徒走母陳平盜嫂竟無兄求功過函遍何信來
理平冤案生馬風別有痛心古章負章沒信於心即
作新銘

这是齐燕铭在狱中的第二年，抵抗力已比初始阶段要强了，表露出“有信心”。已是六十岁的人了，还有多少年！？

**鳏　生**

（1970年除夕）

鳏生何事锁囚笼，四度隆冬又岁穷。
曾子杀人徒走母，陈平盗嫂竟无兄。
求功过亟逼供信，事理平察牛马风。
别有痛心辜负党，改弦折节作新铭。

（摘自《三松书屋诗存》）

除夕本该是欢乐团圆的时刻，齐燕铭却在想着在囚笼中已度过四个年头，还没到头，靠逼供信来取得无中生有的材料，又有何益？谁要这样的材料？为何需要这样的材料？不得而知。这使他困惑。

**题香烟盒**

（1970年4月）

痛心疾首向天呼，太息灵修梦太熟。
跳荡双丸摧发短，解悉唯有淡巴菰。

（摘自《三松书屋诗存》）

**登鼓浪屿郑成功阅兵台**

（1977年10月）

大义彪炳事艰辛，驱除荷虏荡寇尘。
治军练兵兼练胆，大字摩崖励后人。

箪食壶浆迎义箕，人心所向孰能敌。

台湾自古中华土，殷鉴顽霸亦应如。

（摘自《三松书屋诗存》）

此诗系为鼓浪屿郑成功纪念馆所题。

词二首

（1978年）

登临江楼（调寄清平乐）

江天寥廓，登楼临秋色。

河山壮丽人欢乐，齐心抓纲治国。

回想导师当年，革命创业艰难。

工农武装割据，人民踊跃分田。

古田会议旧址（调寄浣溪沙）

满山杉柏碧茏葱，会址庄严翠嶂中，党军从此树新风。

导师千古垂明训，红军百战见英雄，古田旗帜万年红。

（原载《诗刊》1978年第1期）

这两首词是齐燕铭为《新中国经济史》而去福建进行调查时作的。可惜他未能如愿完成编纂新中国经济史的计划，留下遗憾。

## （二）金石

齐燕铭手刻“倦庐”印章的边款，是他的一段补记，对自己的金石爱好作了如下回顾：“余自一九一九年学刻印，一九

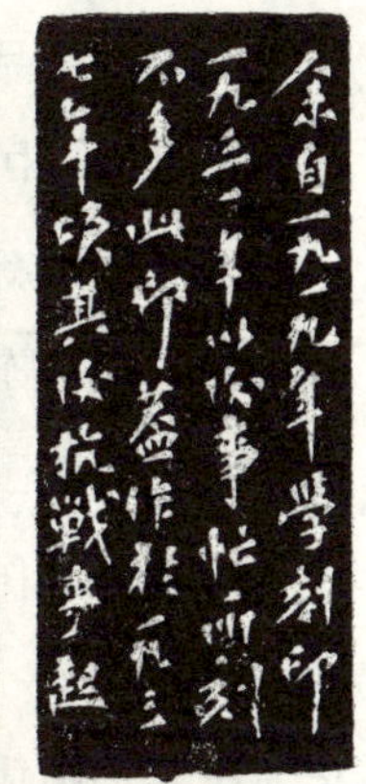

齐燕铭刻印“倦庐”及边款

三一年以后事忙，所刻不多。此印盖作于一九三七年顷，其后抗战事起，刻成未送出，置之箧中，余亦匆匆离京。一九五四年先父去世，收捡故箧得此，日久忘其主人为谁，无以缴还，因留作纪念。自刻此印以后，一九三八年在聊城尚刻三四方印，尔后遂辍此业，直至今日二十年矣，其技止于俯仰浙皖之间，未能突破。其意吾能言之，其境则戛戛呼难哉。一九五八年铭追记。”

1980年1月，李一氓为出版《齐燕铭印谱》所写的《叙》中，对齐燕铭学习篆刻的历程作了这样的分期：“燕铭同志的篆刻1919年到1931年为一期，1949年到1963年为一期，1974年到1978年为一期；中间有两度由于政治原因的间隙时间。综观这三个时期的作品，我不管他自居为哪一派，总之：早期的，谨严而带稚气；中期的，气势足；晚期的，胸有郁结而手能发之。”

齐燕铭在新中国成立后的几十年间，虽然工作很忙，但为总理、叶帅、陈叔通、田家英等较为亲近的人，也刻过若干方印。最让人们记忆深刻的，当然是中华人民共和国十年大庆时，为人民大会堂作的巨幅山水画上所钤“江山如此多娇”白文方印（14 × 11.8 × 11.8 厘米）。在此印的边款上铭记如下：“中华人民共和国成立十周年，傅抱石、关山月师毛主席的沁园春词意为人民大会堂作巨幅山水，毛主席赐题‘江山如此多娇’六字，即以此文制印钤之，齐燕铭刻并记，一千九百五十九年九月。”这时他的刻刀已休息了多年，但这方大型印章仍显示了他的功力。这应该是可以与人民大会堂一起流芳百世的作品了。1982 年上海书画出版社出版了《齐燕铭印谱》，共收 110 余幅作品，其中包括他给周恩来、叶剑英、杨尚昆、聂荣臻、陈叔通、吴晗、阿英、孟秋江、魏文伯、曾三、田家英等同志刻制的印章。

与刻印相联系，齐燕铭对于古人的印鉴有浓厚的兴趣，也作过非常深入细致的研究。荣宝斋请他对历代书画名品大作观摩审核时，他对历代印签的使用，讲述得清楚而深刻。如“在什么时代，某位书画家惯用朱色印泥，某位善用标色，而宋代时多用水色，以及落印的位置，各个时代也各不相同等等”。因而荣宝斋的老经理侯恺同志称赞：“他是一位造诣很高的金石篆刻家”。

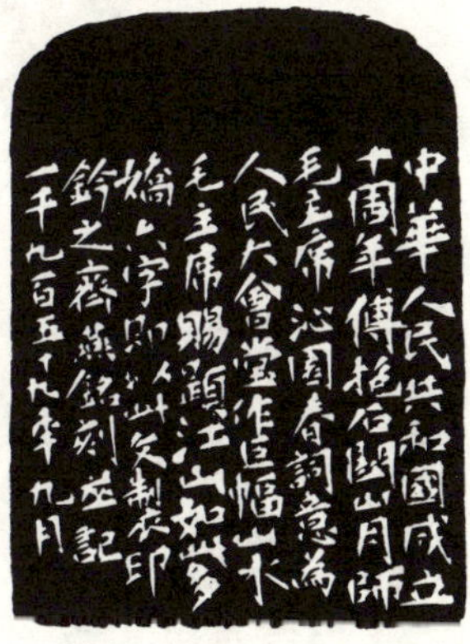


1959 年齐燕铭为人民大会堂巨幅山水画“江山如此多娇”所刻的印章

齐燕铭篆刻作品选

在几十年的时间里，齐燕铭时时注意收藏印谱。只要有空，他会到旧货市场去逛逛，出差到外地时，也会找机会收集印谱。有时一函印谱要花几百元，几乎相当于当时他一个月的工资，但只要认为是有价值的珍品，他在所不惜。这有时不免遭到妻子的非议。他常常在半夜三更，批完文件后，会把印谱拿出来欣赏，抵消疲惫，也积累着心得。后来，他把自己收集到的全部名家印谱进行整理研究，一一书写题跋，集成书稿，包成一包，准备送去出版，当时拟定的笔名是“业之余”。“文革”之初，抄家风起，他害怕这批多年来好不容易收集起来的印谱受到损失，经与文物局王冶秋同志商量，将其收在文物博物馆研究所里，他自己留下了一份详细的目录。1966年6月由文物博物馆研究所资料组为他开具了收据，共有印谱及封泥五十九种六百零一册。“文革”后期，齐燕铭从监狱出来后，文博研究所的蔡学昌所长还带他去看过这批珍品。蔡所长曾问他是否要取回，但他想等有条件出版时再取。可惜后来始终未能出版，心愿未了。

### （三）书法

著名画家黄苗子曾评论说：“燕铭同志的书法，在当代名家中也是翘然自立的，……他的行楷浑厚生动，劲健中存秀逸，不假雕琢而功力很深，他平时批阅文件，多用毛笔，因为长期写毛笔字，所以用笔老练流畅。”“齐燕铭从小对小篆下过功夫，规矩整严，饶有韵味，用笔圆折处略近邓石如。但也从晚清的莫友之、赵之谦上溯秦碑和石鼓。齐燕铭的中学同学潘伯鹰的楷书，吴稚鹤的隶书和齐燕铭的小篆，都是在现代书法中卓然成家的。”

“文革”后期，他从监狱出来后，眼睛因患白内障，咫尺内都看不清人，于是就用写毛笔大字的办法来恢复视力。有人来看他，见他练字，则向他索取墨宝。因工作太忙，“文革”前他很少给人写字。“文革”后，特别是未分配工作时，他为人写了不少字，大部分是毛主席诗词。从1975年10月至1977年6月，他赋闲在家，写字大概近百幅。他给万里、李一氓、童小鹏、孙大光、郭沫若、赵朴初、王昆仑、周而复、薛暮桥、王仿子、申伯纯、刘昂、沈其震、谢邦选、侯恺、董寿平等许多同志都写过字。究竟写过多少，已无法计。

至于作画，他则更没有时间没有情绪了。作画必须有恬静、

1976年10月，齐燕铭书毛主席词采桑子重阳

1976年3月齐燕铭为孙大光同志书毛主席词忆秦娥娄山关

1977年6月，齐燕铭书毛主席词清平乐六盘山

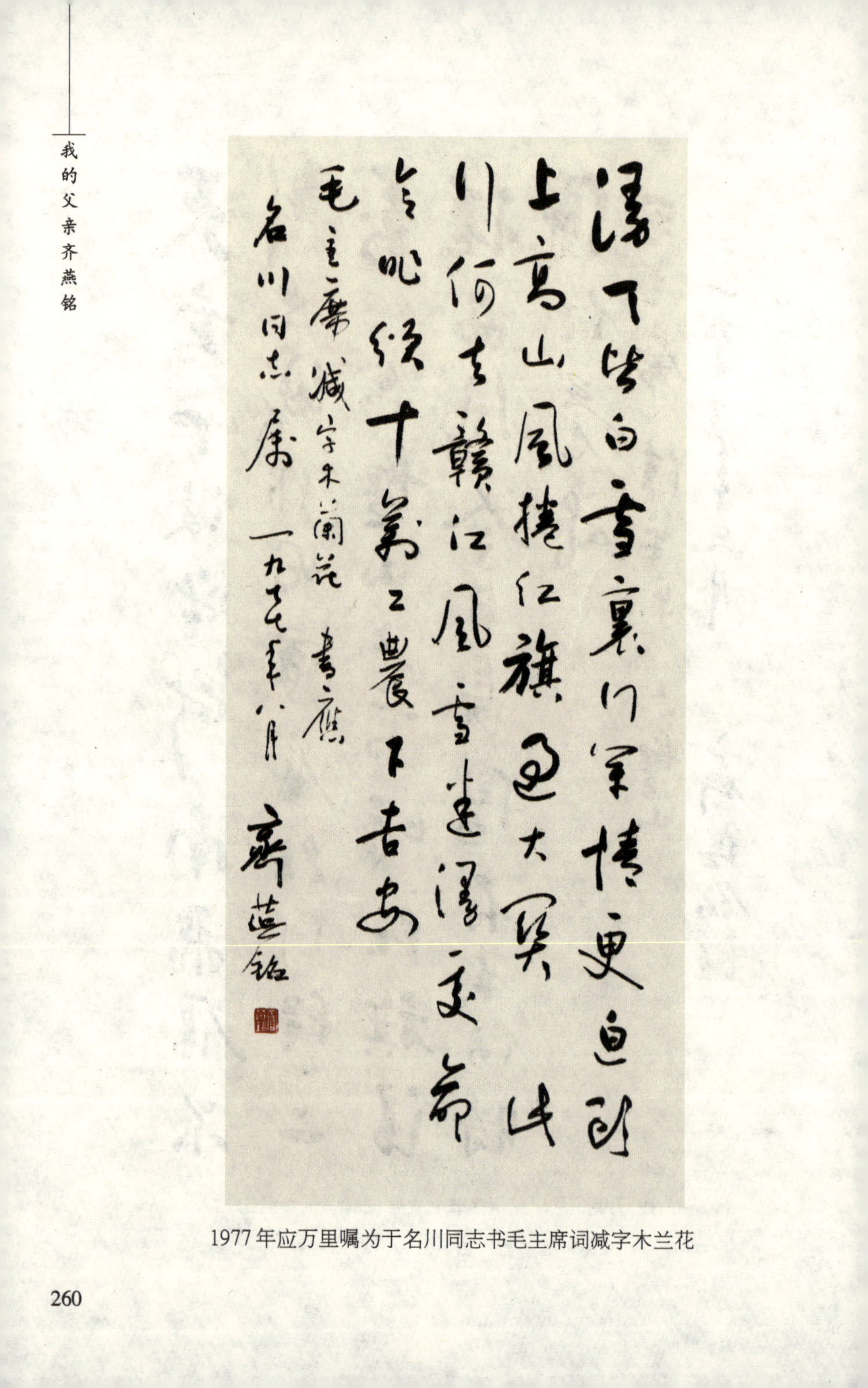

1977年应万里嘱为于名川同志书毛主席词减字木兰花

1976年10月为王仿子同志书毛主席诗七律到韶山

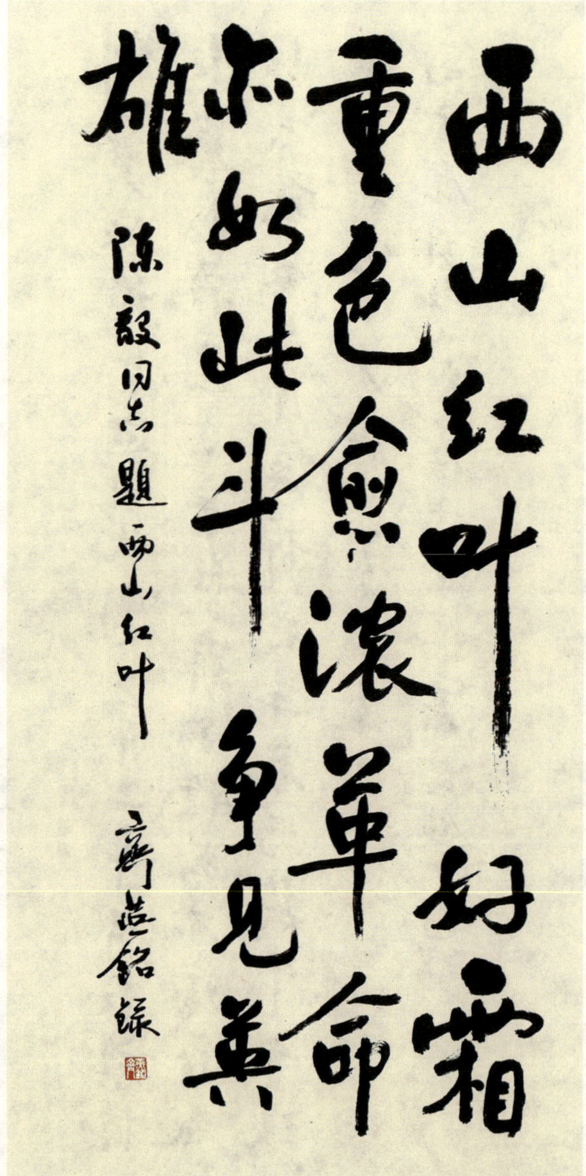


文革以后，齐燕铭书陈毅同志题西山红叶诗句

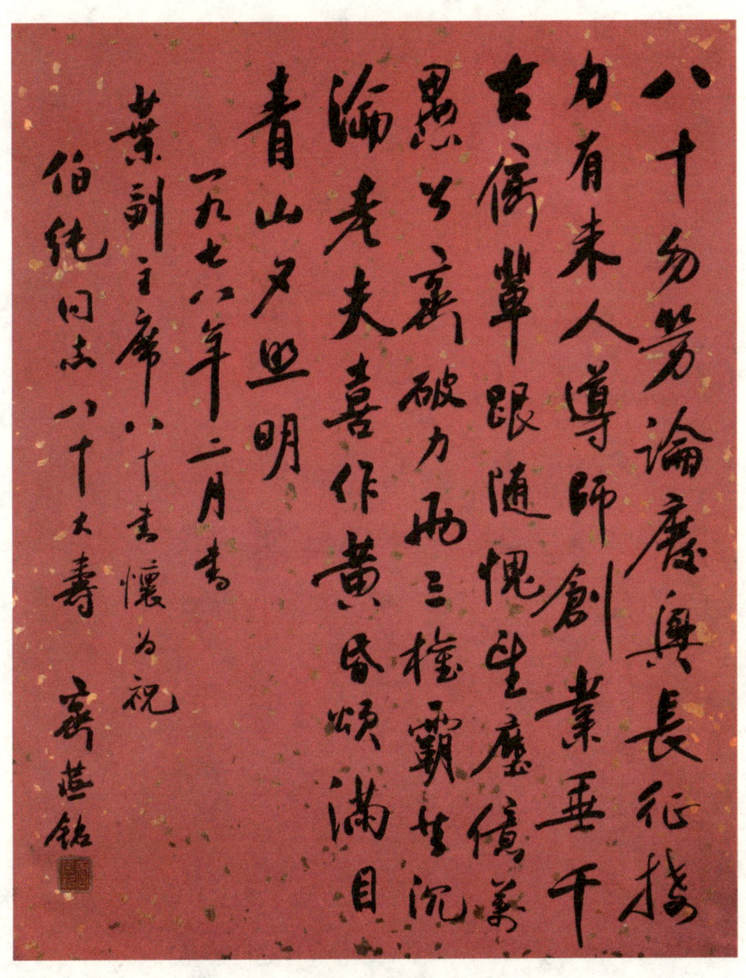


1978 年 2 月齐燕铭为申伯纯八十大寿书叶剑英诗八十书怀

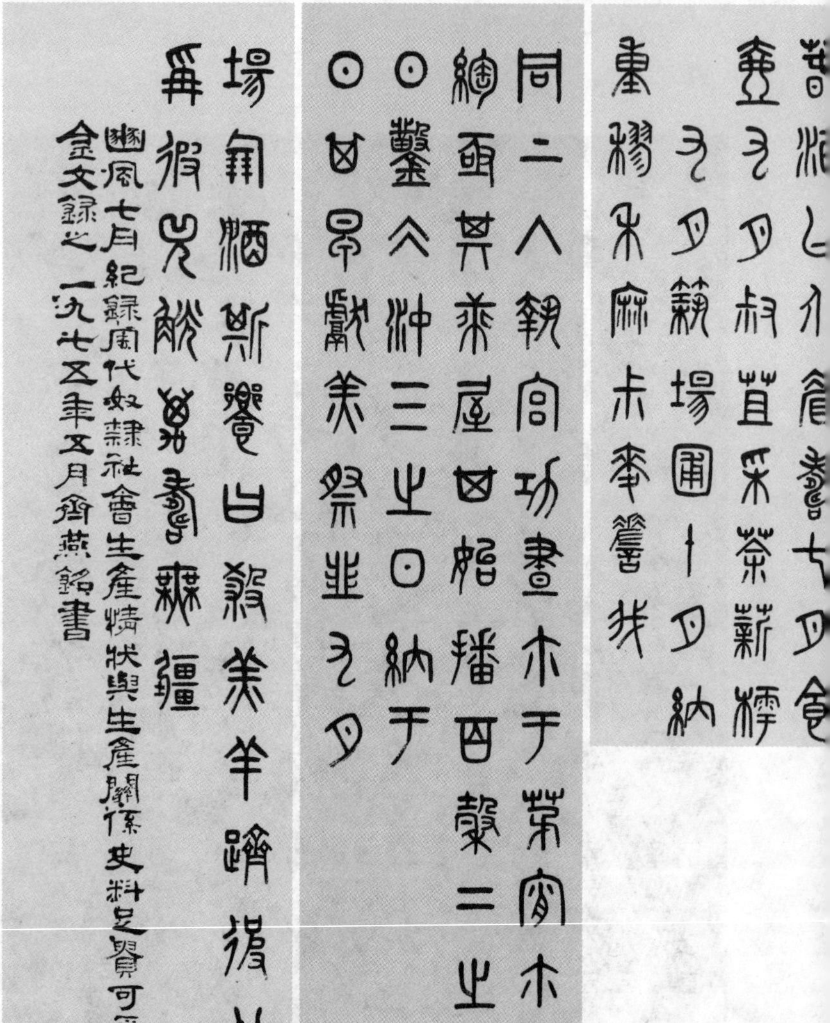

春酒以介眉壽七月食
壺九月叔苴采荼薪樗
九月築場圃十月納
重穋禾麻菽麥嗟我

同上入執宮功晝爾于茅宵爾索
綯亟其乘屋其始播百穀二之日
日鑿冰沖三之日納于
日其蚤獻羔祭韭九月

場朋酒斯饗曰殺羔羊躋彼公堂
稱彼兕觥萬壽無疆

豳風七月紀錄周代奴隸社會生產情狀與生產關係史料足資可爲批孔之助謹以
金文錄之　一九七五年五月齊燕銘書

1975年5月，齐燕铭书《诗经·豳风·七月》（断片）

1977年10月齐燕铭绝句两首书赠郑成功纪念馆

1975年10月，齐燕铭为黄苗子得水浒《三十六人图像》写了一段评语并篆字题书“梁山泊三十六人图像”。黄苗子夫妇一直珍藏着和谐的生活环境，也要有空闲才行。所以，在家里几乎没有见到过他画画。现在唯一留下来的，只有在他的会议记录本上。能够看到他粗粗几笔的速写，无非是会场上的人或者窗外的树。这些大概就是他当时的视野所能接触到的范围了，这也许是无法选择的。从寥寥数笔中，几乎无从揣测他的构思和心情，但或许可以感觉到他的内心毕竟还潜藏着创作的激情。

此外，我们还收集到了由齐燕铭作词，林韦作曲的一首歌——《纪念冀南行政主任公署成立一周年》，实在难得！

## （四）收藏

印谱之外，对于书画的收藏，由于经济条件和缺少闲暇，齐燕铭所收者极为有限。家中留下的大多是毛主席、刘少奇、周恩来、陈毅等首长以及老师的来信等，再就是画家和朋友们送给他的字画，其中有何香凝、齐白石、吴作人、邵宇等名家的作品。何香凝40年代的画，他一直放在保险柜里珍藏着。在“文革”中，许多珍品丢失了，有些是抄家时被拿走的，齐燕铭向造反派索要也无结果。现在他的收藏品已经少得可怜。几件重要的文物1967年9月30日被戚本禹收走。1977年5月30日，齐燕铭给汪东兴写过一封信，其中列出有：

1．毛主席给齐燕铭的信一件（附字两张，亲笔）

2.毛主席在第一届全国人民代表大会第一次会议开幕词手稿（有信封）

3．毛主席庆祝中华人民共和国成立三周年讲话稿（有总理

1960年春日陈毅同志书录毛主席井冈山词，并予解说（文物出版社复制），齐燕铭格外喜爱，装入镜框，始终挂在客厅的墙上。

郭沫若同志1958年4月给齐燕铭写的条幅

何香凝画梅花牡丹图赠齐燕铭

1946 年，何香凝为齐燕铭画的梅花

1977 年春节，吴作人为齐燕铭画漠上行

1961 年 4 月邵宇同志为齐燕铭作画

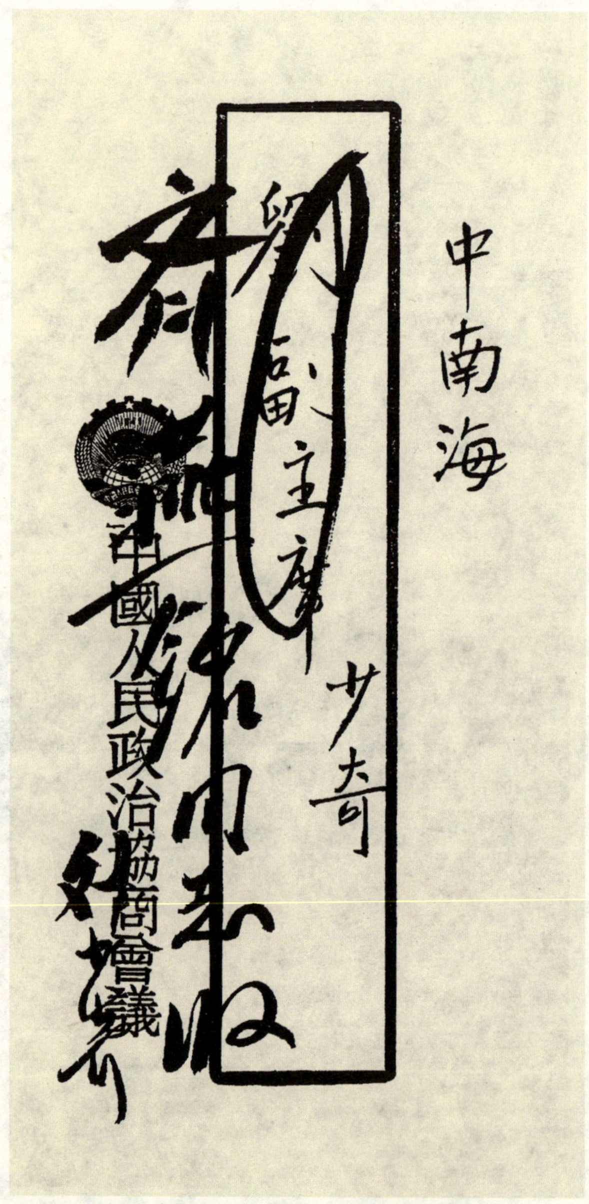


刘少奇副主席的手迹，为齐燕铭所珍藏

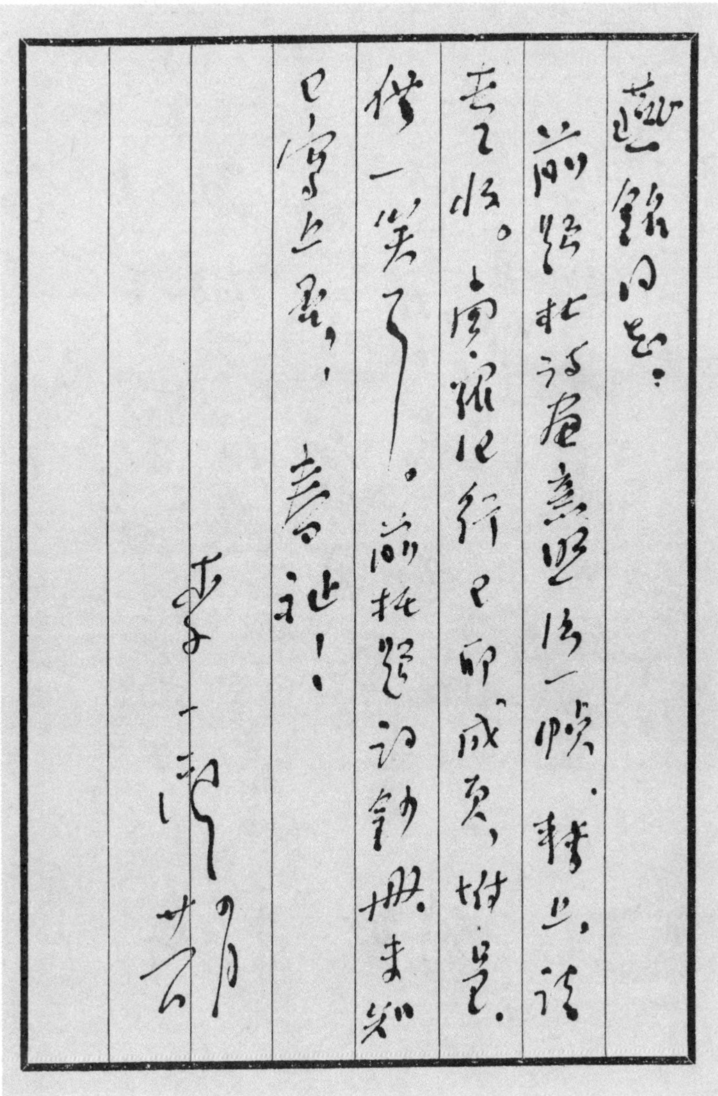

燕铭同志：

前题杜诗意像后一帧，特写上，请查收。上周稼纪行已印成页，附呈，供一笑了。前托题词钞册，未知已写上否？

春祉！

李一氓

四月廿日

好友李一氓给齐燕铭的一封短信，他也一直珍藏着

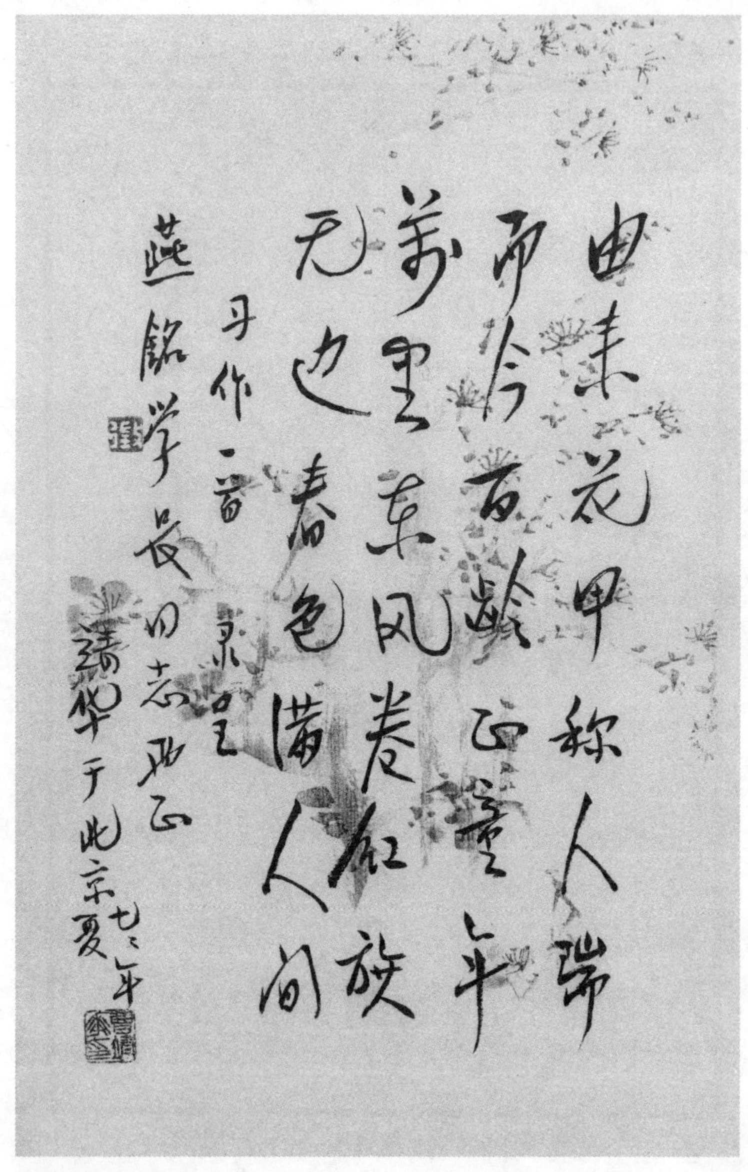


曹靖华是齐燕铭在30年代中国大学时期的同志、战友，因文革他们多年未谋面，这是1977年曹靖华送他的诗作

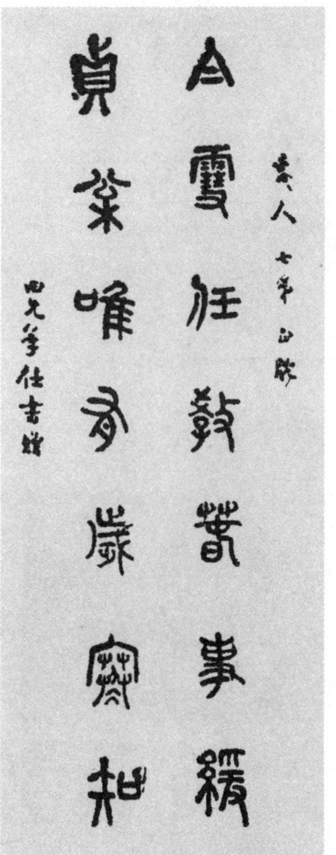

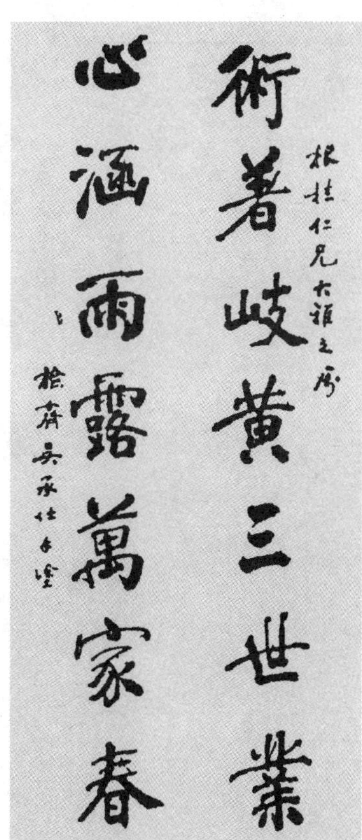


齐燕铭珍藏的吴承仕老师的手迹

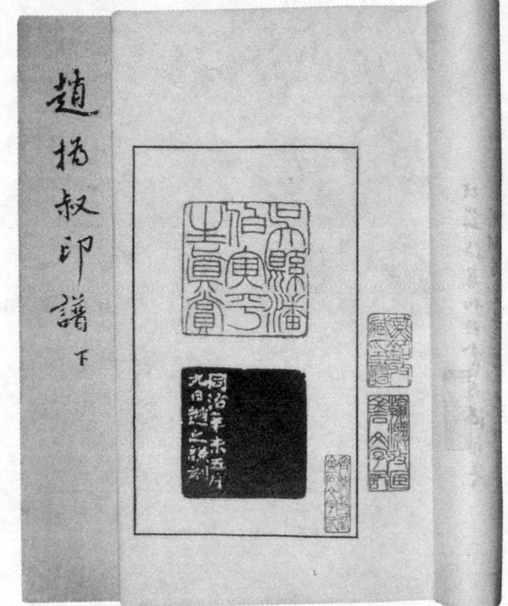


齐燕铭收藏印谱，钤印并题签

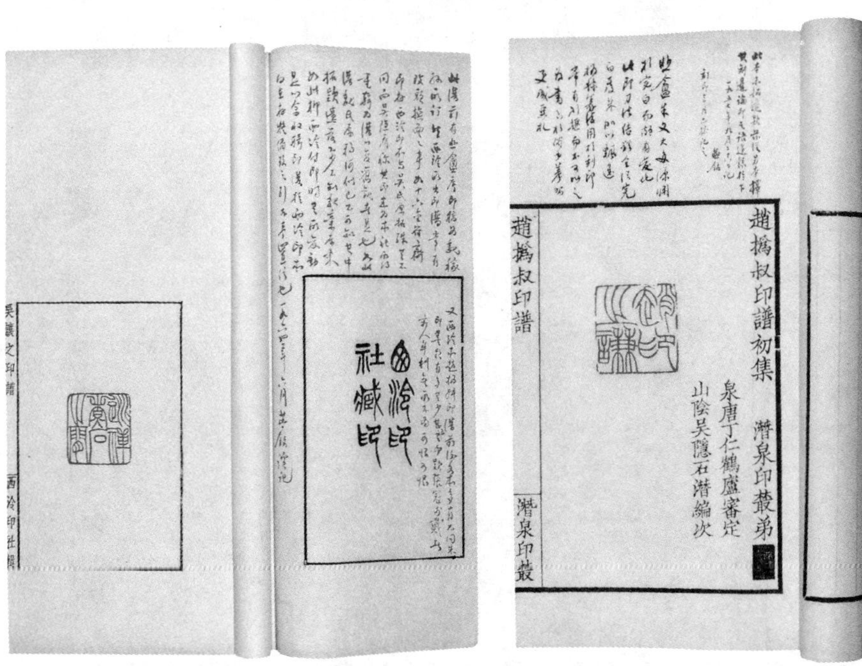

齐燕铭收藏印谱，钤印并题签

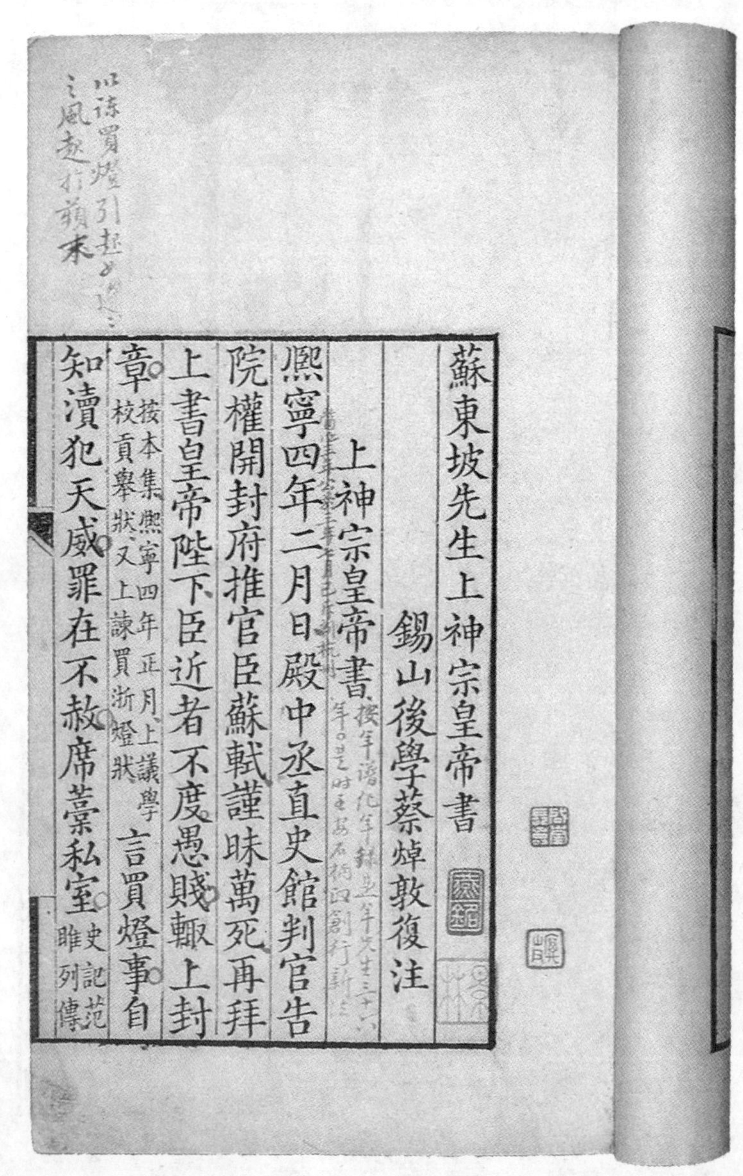
蘇東坡先生上神宗皇帝書

錫山後學蔡焯敦復注

上神宗皇帝書

熙寧四年二月日殿中丞直史館判官告院權開封府推官臣蘇軾謹昧萬死再拜上書皇帝陛下臣近者不度愚賤輒上封章按本集熙寧四年正月上議學校貢舉狀又上諫買浙燈狀言買燈事自知瀆犯天威罪在不赦席藁私室史記范雎列傳

齐燕铭藏书，每有批注

增加的字句，有信封）

4．毛主席信两页（有总理批注，有信封）

5．毛主席批示一件（有信封）

共五件。后来也并未归还。

现在网上可查到的齐燕铭收藏的文物，被拍卖的已有百余件。要想看一看或拍张照片留念，都不可能。只要不流失到国外，也就算是对他的告慰了。

# 结束语

齐燕铭是一位典型的中国革命知识分子。在过去的一个世纪中，20年代，他只是爱国的热血青年，他通过学习知识，认识世界，追求真理，最终选定自己的人生道路。30年代，他加入了中国共产党，成为有理想，有信念的革命者。从此以后，祖国的利益、人民的需要，就是他生活追求的目标。自40年代后，他政治上逐渐成熟。在战争时期出生入死，从未动摇。解放战争时期，跟随周恩来去重庆、南京、上海，在十分险恶的环境中，同国民党进行面对面的尖锐复杂的斗争。

革命胜利以后，在筹备和召开中国人民政治协商会议期间，在政务院、国务院期间，他都担负着繁重的政治工作和组织工作。由于他勤奋好学、博学多才，业务十分熟练精通。不仅交给他的工作，都能认真完成，而且主动勇挑重担，从不知疲倦。

他的工作千头万绪，十分繁杂，但他是天生的“运筹学家”，各种事务都安排得井然有序，举重若轻。所以，他能跟上周总理的节拍，成为总理身边的一位十分得力的好助手。他在政权建设、文化建设、经济建设、统战工作和知识分子工作等多方面，都做出了突出的贡献，出色地完成了党交给他的任务。

他光明磊落，襟怀坦白，从不计较个人名位。他慈祥、宽容、乐观、幽默，对待同志，特别是对待党外民主人士，总是热情诚恳、尊重恭谦、与人为善，团结五湖四海。他像火盆一样，时时给周围带来温暖。所以，他有许多挚友，他们敬佩他、理解他、真心实意地支持他，使他能胜任愉快地完成繁重的任务。

齐燕铭的一生是革命的一生，战斗的一生，鞠躬尽瘁的一生。这本书是为纪念他百年诞辰送给他的礼物，也是树立在我们面前鲜活的学习榜样。我们永远怀念他，学习他优秀的品质，继承他的遗志，完成他未竟的事业，为建设他所向往的民主、自由、富裕、幸福的社会主义强国尽我们最大的努力。

# 附录一：逝世与追悼会

## 中共中央统战部副部长、政协全国委员会秘书长齐燕铭同志追悼会在京举行

新华社11月2日讯　中共中央统战部副部长、政协全国委员会秘书长、中国社会科学院顾问齐燕铭同志因病医治无效，于 1978年10月21日12时25分在北京逝世，终年71岁。齐燕铭同志追悼会今天下午在北京八宝山革命公墓礼堂举行。

追悼会会场安放着齐燕铭同志的遗像和骨灰盒。

华国锋主席，叶剑英、邓小平、李先念、汪东兴副主席，送了花圈。

党和国家其他领导人宋庆龄、韦国清、乌兰夫、纪登奎、吴德、余秋里、聂荣臻、彭冲、赵紫阳、陈云、谭震林、李井泉、张鼎丞、蔡畅、邓颖超、廖承志、姬鹏飞、周建人、许德珩、胡厥文、王震、谷牧，送了花圈。

政协全国委员会副主席宋任穷、沈雁冰、史良、朱蕴山、康克清、季方、王首道、杨静仁、张冲、帕巴拉·格列朗杰、庄希泉、胡子昂、荣毅仁、童第周，最高人民法院院长江华，最

追悼会上齐燕铭遗像

高人民检察院检察长黄火青，齐燕铭同志的生前友好黄镇、林乎加、万里、宋平、汪锋、习仲勋、段君毅、任仲夷、杨易辰、廖志高，也送了花圈。

邓小平、李先念副主席，以及宋庆龄、纪登奎、吴德、余秋里、邓颖超、廖承志、姬鹏飞、周建人、胡厥文、王震、谷牧、宋任穷、沈雁冰、史良、朱蕴山、季方、王首道、杨静仁、张冲、庄希泉、胡子昂、荣毅仁、童第周、黄火青，参加了追悼会，并向齐燕铭同志的夫人冯慧德和子女表示亲切慰问。

邓小平同志、宋庆龄副主席、邓颖超同志、李先念同志、乌兰夫同志等参加追悼会。韦国清同志致悼词

1978年11月2日，齐燕铭同志追悼会在北京八宝山革命公墓礼堂隆重举行

追悼会由乌兰夫同志主持，韦国清同志致悼词。

悼词说，齐燕铭同志是北京市人，蒙古族，从1935年起，在党的领导下参加革命活动，1938年2月加入中国共产党。在抗日战争时期，他历任鲁西北《抗战日报》主编及政治干部学校教务长、冀南主任公署太行办事处主任、延安中央研究院研

礼堂容纳不下前来参加追悼会的群众，他们簇拥在室外沉痛哀悼

齐燕铭的亲属在追悼会上

究员等职。抗战胜利后，随中共代表团去重庆、南京，担任代表团秘书长，以后又任中共中央城市工作部秘书长，中共中央统一战线工作部秘书长。解放后，历任中国共产党出席中国人民政治协商会议第一届全体会议的候补代表，第一届、第二届、第三届全国人民代表大会代表，中共中央统战部副部长，中央人民政府办公厅主任，政务院副秘书长，国务院副秘书长，总理办公室主任，国务院专家局局长，文化部党组书记、副部长等职。

悼词说，齐燕铭同志是中国共产党的优秀党员，忠诚的无产阶级革命战士。他从参加革命以来，热爱党，热爱人民，对党的事业忠心耿耿，数十年如一日。他对伟大领袖和导师毛主席，对敬爱的周总理和朱委员长，怀有深厚的无产阶级感情。他

邓小平同志慰问齐燕铭夫人冯慧德

长期在周总理的直接领导下工作，坚决执行和捍卫毛主席的革命路线，在统一战线工作、政权工作和文化工作等方面都作出了重大的贡献。他是周总理身边一位很得力的好助手。解放战争时期他跟随周总理去重庆和南京，在十分险恶的环境中，同国民党反动派进行了面对面的尖锐复杂的斗争。革命胜利后，在筹备和召开中国人民政治协商会议期间，在政务院和国务院工作期间，他都担负着繁重的政治工作和组织工作，出色地完成了党交给他的任务。齐燕铭同志也是文化战线上的一位卓有成就的领导干部。他是早期戏剧革命的开拓者之一。他积极响应毛主席在延安文艺座谈会上的讲话的号召，同延安平剧院的同志一起主持创作的京剧《逼上梁山》，得到毛主席亲笔书函的

宋庆龄副主席慰问齐燕铭夫人冯慧德

高度评价。他在文化部工作期间，努力执行毛主席的革命文艺路线，广泛团结党内外的文化工作者，贯彻“百花齐放、推陈出新”的方针，对发展和繁荣社会主义文化事业，做出了优异的成绩。他好学深思，学识渊博，在文学、戏剧、文物、书法、金石和经济研究等方面都有深湛的造诣。

悼词说，在党的第十次、第十一次路线斗争中，齐燕铭同志面对林彪、“四人帮”的诬陷和迫害，立场坚定，坚贞不屈，经受了严峻的考验。他无限热爱英明领袖华主席，衷心拥护华主席为首的党中央。他把对林彪、“四人帮”的无比仇恨化为投入新长征的强大动力，以更加奋发的战斗精神，为实现党中央抓纲治国的战略决策，为实现新时期总任务而忘我地工作。他

李先念同志慰问齐燕铭的亲属

担任第五届全国政协秘书长和中央统战部副部长期间，坚决贯彻落实党的统一战线方针政策，积极开展和活跃政协工作，恢复和发扬民主协商的优良传统，对广开言路，广开才路，调动一切积极因素，进一步发展革命统一战线，作出了显著的成绩。在他积劳成疾住院治疗期间，仍然以惊人的毅力坚持工作，顽强战斗到生命的最后一息。齐燕铭同志努力学习马列主义、毛泽东思想，以周总理作为自己终身学习的光辉榜样，经常以周总理的身教言教策励自己，勖勉同志，真正做到了为党为人民鞠躬尽瘁，死而后已。他的一生是革命的一生，战斗的一生。他的逝世是我党的一大损失，我们感到非常悲痛！

邓颖超同志向遗体告别

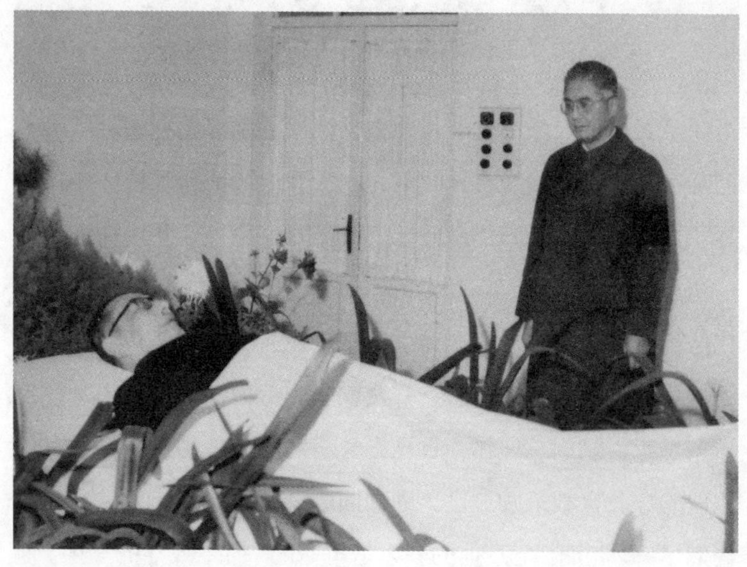

荣毅仁副主席向遗体告别

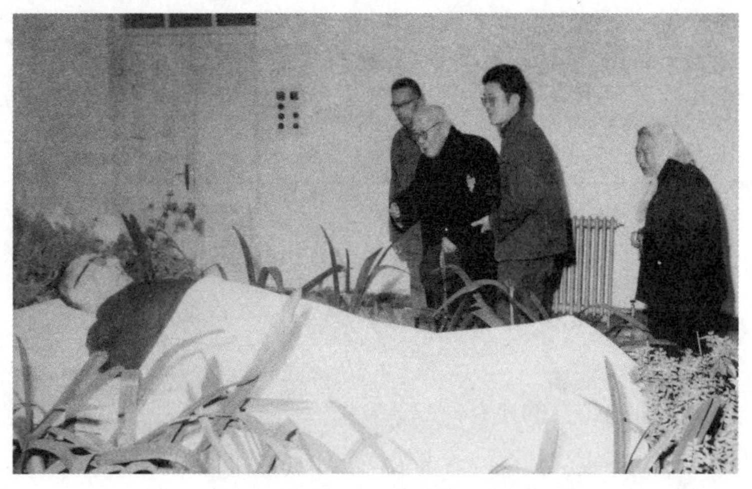

申伯纯同志一家向遗体告别

悼词说，我们沉痛悼念齐燕铭同志，要学习他忠于党、忠于革命、全心全意为人民服务的高尚品质；学习他孜孜不倦地刻苦钻研马列主义、毛泽东思想，坚持理论联系实际，实事求是的革命学风；学习他光明磊落，襟怀坦白，顾全大局，遵守纪律，从不计较个人名位的坚强党性；学习他谦虚谨慎，平易近人，对同志对朋友热情诚恳，虚心倾听意见，善于团结党内外干部，密切联系群众的优良作风；学习他既抓大事，又从不拒绝做任何琐细的具体工作，勤勤恳恳，严肃认真，一丝不苟，对工作极端负责的革命精神。我们悼念齐燕铭同志，要化悲痛为力量，更加紧密地团结在华主席为首的党中央周围，高举毛主席的伟大旗帜，为贯彻执行党的十一大路线和新时期的总任务，巩固和发展安定团结、生动活泼的政治局面，把我国建设成为伟大的现代化的社会主义强国而共同奋斗。

送花圈的还有：

政协全国委员会、中共中央办公厅、中央政法小组、中共中央组织部、中共中央宣传部、中共中央统战部、国家计划委员会、国家民族事务委员会、文化部、中国社会科学院、人大常委会办公厅、国务院办公室、中共北京市委、北京市革命委员会、各民主党派、各有关的群众团体、一些省市委统战部和省市政协。

参加追悼会的还有：

中共中央、国务院有关部门和中共北京市委、北京市革委会的负责人胡耀邦、罗青长、胡乔木、陈野苹、李步新、冯铉、童小鹏、李贵、武新宇、顾明、韩光、蒋南翔、赵苍璧、刘伟、黄镇、吴庆彤、李昌、周扬、彭友今、李梦夫、郑伯克、高富

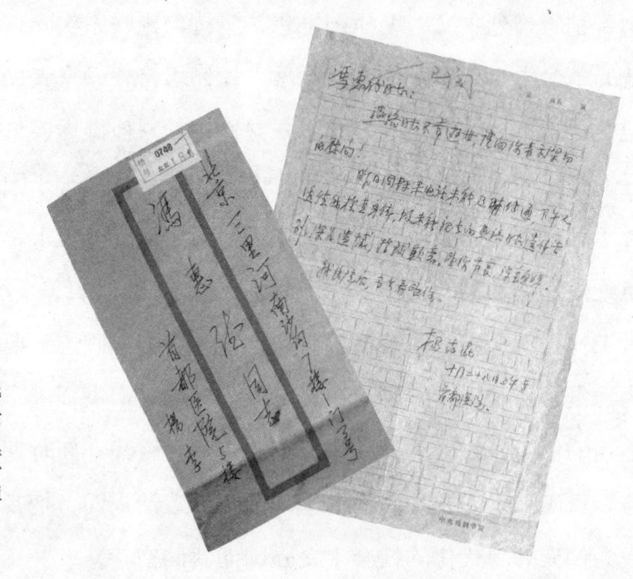
冯慧德同志：

杨尚昆

杨尚昆同志写给冯慧德的悼念信

RS 4727 8GU 21 Z GUANGZHOU
河南沙沟(7)楼(1)门(3)号
北京全国政协秘书处
冯[illegible]德同志 BEIJING
惊悉燕铭同志不幸病逝
，噩耗传来，不胜悲悼
。谨致深切的哀悼，并
向你和子女表示最亲切
的慰问。燕铭同志是我
的老战友，他的好思想
、好作风，给我留下了
深刻的印象，使我得益
颇多。燕铭同志的逝世
，使我党失去了一位好
党员、好干部，他的逝
世，是党和国家的一大
损失。习仲勋一九七八
年十月廿八日请全国政
协秘书处代送花圈一个
。

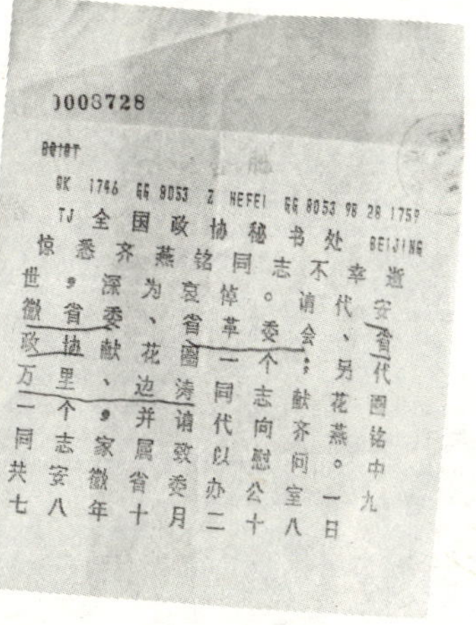

)008728
GK 1746 GG 8053 Z HEFEI GG 8053 96 28 1759
TJ 全国政协秘书处 BEIJING
惊悉齐燕铭同志不幸逝
世，深为哀悼。请代安
徽省委、省革委会、省
政协献花圈一个；另代
万里、边涛同志献花圈
一个，并请代向齐燕铭
同志家属致以慰问。中
共安徽省委办公室一九
七八年十月二十八日

习仲勋、万里、边涛同志和安徽省委、省政协发来的唁电

有、蔡啸、聂真、杨思德、周而复、李霄路、秦德远、王涛江；

部分在京的人大常委会委员区棠亮、邓典桃、刘大年、严济慈、茅以升、傅钟；

部分在京的政协全国委员会常务委员王子纲、王从吾、王芸生、王昆仑、王雪莹、王维纲、甘词森、申健、包尔汉、冯文彬、成仿吾、吕东、刘斐、刘仲容、刘景范、关瑞梧、孙承佩、孙起孟、孙晓村、严信民、苏子蘅、杜聿明、李世济、李初梨、李纯青、杨拯民、吴茂荪、吴岱峰、吴雪之、何贤、何长工、谷春帆、宋希濂、张苏、张策、张邦英、张孝骞、张香山、张稼夫、陈此生、林海云、罗琼、周士观、郑洞国、赵宗燠、胡子婴、胡愈之、侯镜如、费孝通、班禅额尔德尼·确吉

AG 7044 CG 5185 P XIAN 84919 166 29 1140

南沙沟(7)楼(1)门(3)号
全国政协秘书处转冯
德同志 BEIJING
惊悉燕铭同志不幸病逝我们全家十分悲痛无限深思沉痛悼念一瓣心花遥献灵台他对党对人民无限忠诚对同志热情友爱公正无私对工作昼夜不分废寝忘食他光明磊落谦虚谨慎严以律己宽以待人表里如一言行不二榜样光辉永垂不朽我和全家谨向你和全家致亲切的慰问尚希节哀珍重继承遗志我们共同勉力为加速实现我国社会主义现代化贡献力量常黎夫

常黎夫同志发来唁电

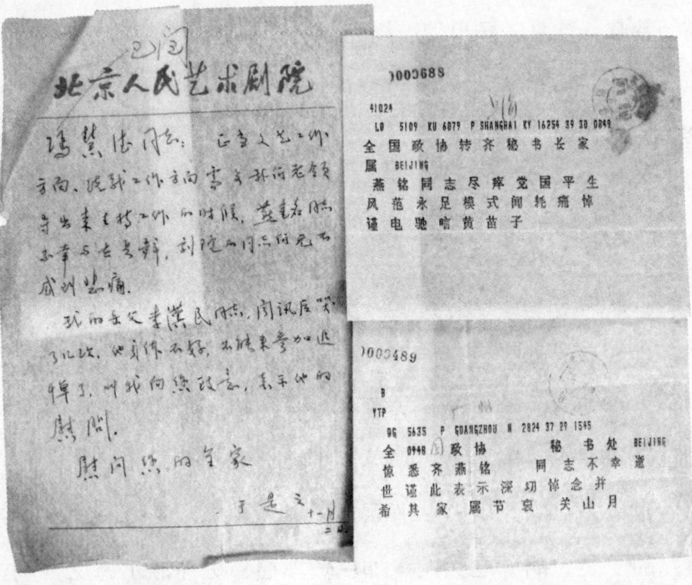

已阅

北京人民艺术剧院

[illegible]同志：正当文艺工作方向、戏剧工作方向需要我们老领导出来主持工作的时候，燕铭同志不幸与世长辞，剧院的同志们无不感到悲痛。

我的岳父李汉民同志，闻讯后哭了几次，他身体不好，不能来参加追悼了，叫我向您致意，表示他的慰问。

慰问您的全家

于是之 十一月二日

0003688
41024
LB 5109 KU 6079 P SHANGHAI KY 16254 39 30 0849
全国政协转齐秘书长家属 BEIJING
燕铭同志尽瘁党国平生风范永足模式闻耗痛悼谨电驰唁黄苗子

0003489
B
YTP
QG 5635 P GUANGZHOU N 2824 37 29 1545
全 0948 国政协 秘书处 BEIJING
惊悉齐燕铭 同志不幸逝世谨此表示深切悼念并希其家属节哀 关山月

于是之同志的悼念信和黄苗子、关山月同志的唁电坚赞、夏之栩、钱昌照，徐伯昕、徐彬如、徐楚波、郭洪涛、黄维、黄甘英、黄鼎臣、萨空了、阎揆要、程思远、曾传六、曹宪植、谢冰心、楚图南、雷洁琼、熊复、熊天荆、酆云鹤。

齐燕铭同志的生前友好吕正操、伍修权、孔原、李一氓、李力殷、张致祥、罗叔章、曹禺、许涤新、于光远、许立群、夏衍、金城、张加洛、马文瑞、李达、陈漫远、高登榜、薛暮桥、杨放之、周巍峙、林默涵、贺敬之、王阑西、李铁铮、司徒慧敏、曾涛、刘建章、强晓初、王士平、凌云、王学文、冯基平、张震寰、董纯才、刘仰峤、刘澜波、宋一平、杜干全、李金德、梅益、刘昂、吴波、连贯、王伏林、张效曾、任继愈、刘述周、

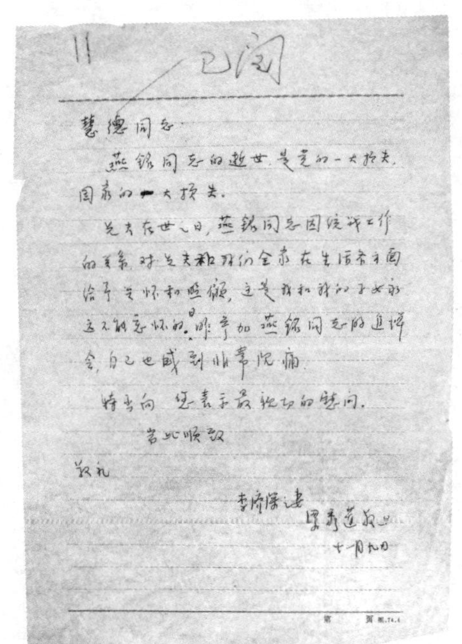

已阅

慧德同志：

燕铭同志的逝世，是党的一大损失，国家的一大损失。

先夫在世之日，燕铭同志因统战工作的关系，对先夫和我们全家在生活各方面给予关怀和照顾，这是我和我们子女永远不能忘怀的。昨日参加燕铭同志的追悼会，自己也感到非常沉痛。

特此向您表示最亲切的慰问。

专此顺致

敬礼

李济深之妻 梁秀莲敬上

十一月九日

李济深夫人梁秀莲的悼念信

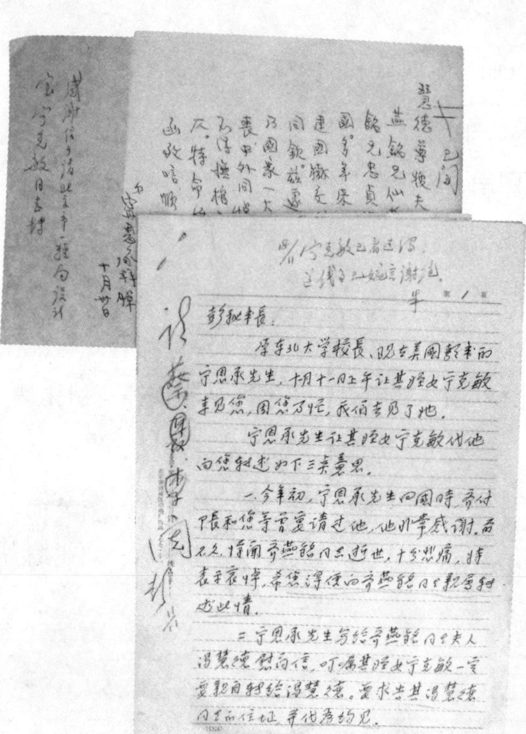

彭秘书长：

原东北大学校长、现在美国教书的宁恩承先生，十月十一日上午让其侄女宁克敏来见您，因您不在，我们会见了她。

宁恩承先生让其侄女宁克敏代他向您转述如下三点意思。

一、今年初，宁恩承先生回国时，齐付部长和您等曾宴请过他，他非常感谢。前不久，惊闻齐燕铭同志逝世，十分悲痛，特表示哀悼，希您得便向齐燕铭同志亲属转述此情。

二、宁恩承先生写给齐燕铭同志夫人冯慧德的信，叮嘱其侄女宁克敏一定要亲自转给冯慧德。要求告其冯慧德同志的住址，并代为约见。

宁恩承教授来自海外的悼念信

香港费彝民先生发来的唁电

香港

0086 3046 2398 3112 0588 0794 2585 6231 0356 0948
1201 0765 2585 4434 2579 5710
PEKING

惊悉齐燕铭秘书
7528 1885 7871 3601 6900 4434 2579
长逝世万分哀悼
7022 6641 0013 5502 0433 0755 1902
敬电致唁费彝民
2417 7193 5268 0777 6316 1744 3046

刘导生、薛子正、曹靖华、周海婴、李伯钊、韦明、于刚、夏鼐、吴作人、李普、沈兹九、袁文殊、严文井、金山、蔡若虹、金紫光、肖甲、杜近芳、赵燕侠、吴蔚然、韩幽桐、孙岳、方知达、何莲芝、王定国、于立群、黄葳、朱端绶、胡挈青、沈谱、赵磊、焦琦、肖贤法、郭彤、张学铭、方荣欣、韩权华、袁超俊、溥杰、管易文、梁秀莲、郭秀仪、郭翼青。

政协全国委员会、中共中央统战部等有关机关的群众代表，也参加了追悼会。

10月27日下午，李先念副主席，党和国家其他领导人韦国清、纪登奎、吴德、余秋里、聂荣臻、邓颖超、姬鹏飞、许德珩、胡厥文，政协全国委员会、国务院有关部门和北京市委、市革委会负责人，人大常委会部分在京委员，政协全国委员会部分在京常务委员，齐燕铭同志的生前友好，以及有关机关的代表共400人前往北京医院向齐燕铭同志的遗体告别。

齐燕铭同志病重期间，乌兰夫、纪登奎、廖承志、许德珩、胡厥文、宋任穷、朱蕴山、康克清、季方、王首道、杨静仁、张冲、胡子昂等曾前往医院看望。

# 附录二：
# 齐燕铭生平大事记

齐燕铭，蒙古族。1935年参加革命，1938年加入中国共产党。1945年至1965年历任国共谈判中共代表团秘书长，中共中央城工部秘书长，中共中央统战部秘书长、副部长，中央人民政府办公厅主任，政务院副秘书长、代理秘书长兼秘书厅主任，国务院副秘书长、代理秘书长兼总理办公室主任、专家局局长，文化部党组书记、副部长等职，在统一战线工作、政权建设工作和文化工作方面都做出了重要贡献，是周恩来总理一位很得力的助手。“文化大革命”中，受到林彪、江青两个反革命集团的残酷迫害。1978年，在担任全国政协秘书长、机关党组书记和中共中央统战部副部长期间，坚决贯彻落实党的统一战线方针政策、积极开展和活跃政协工作，为建立、巩固和发展中国共产党领导的多党合作和政治协商制度做出了贡献。

1907年11月3日　齐燕铭出生于北京市，祖籍内蒙古喀喇沁旗，原姓齐礼特，名振勋，在清代属蒙古八旗中的正蓝旗。笔名齐震、师俭、田在东、姜倩、叶之余等。

1911年至1919年　小学阶段，在家里接受祖母和父亲的教育。

1919年至1923年　在北京市立第一中学上学。

1924年　考入北平中国大学。先在大学预科学习两年，1926年转入本科国学系，在国学系主任吴检斋（承仕）的指导和影响下，潜心研读经史子集，期间写过读《论衡》的札记。

1930年6月　大学毕业，留校任教。同年与同班同学冯慧德结婚。

1933年至1934年　任教于中国大学、民国大学、东北大学。讲授中国通史、中国文学史、中国戏曲史和文字学等课程。他编写的《中国戏曲史讲稿》、《中国文学史讲稿》和《中国文学史略讲义》曾由中国大学多次印发。

这一时期，齐燕铭开始接触革命思潮，并在马克思主义与新思潮激发下走上革命道路。1933年夏天起，和中国大学的进步教师定期聚会，分析时局，研究中国出路问题。

1934年4月　齐燕铭等筹备出版大型文史哲刊物——《文史》，吴承仕教授主编。

创刊号是由齐燕铭与孙席珍共同编辑的。鲁迅署名唐俟写了《儒术》一文，发表在第二期上。该刊出到第四期，即被陈立夫一纸手令扼杀。

1935年10月　齐燕铭与中国大学国学系几位进步教师一起，由吴承仕出资，又创办了一个文史哲和杂文的综合性刊物，定名为《盍旦》，齐燕铭在一至五期上发表了《从一本国文试卷谈到中学国文教学的问题》、《“宇宙风”万岁！》、《正名》、《西晋田赋制度》、《墨索里尼忠实的朋友》、《迎一九三六年》、《平市中等学校校长会与救亡运动》等文章。

1935年12月　“一二·九”运动唤起了全民族的觉醒，齐燕铭和吴承仕、管彤（张致祥）、孙席珍走在游行队伍的前列。之后，他们正式向陈伯达提出建立党的组织关系，经中共北方局宣传部部长李大章批准，决定吸收齐燕铭等入党，并成立党的特别小组。

1936年2月　与孙席珍等发起组织北平文艺作家协会，5月份开了一次追悼高尔基大会，又与上海左联取得联系，召开讨论“国防文学”座谈会。

1936年11月　与黄松龄、张友渔合作，办了一个包括政治、经济、文化、思想的综合性中型刊物《时代文化》。齐燕铭在创刊号上发表了两篇文章：《中国社会经济史纲》、《念鲁迅先生》。

1936年11月22日　齐燕铭、张致祥等89人在《北平作家协会成立宣言》上签名，呼吁民主，要求团结抗日。

1936年11月24日　齐燕铭、吴承仕、张申府、黄松龄、张致祥、冯慧德等109人在《北平文化界致国民政府电》上签名，要求释放被蒋介石逮捕的救国“七君子”等。

1937年　上半年《时代文化》更名为《文化动向》。陈伯达提出“新启蒙运动”口号，由张申府出面号召成立“启蒙学会”，京津文化界救亡运动进一步展开。

1937年7月7日　以后时局紧张，7月29日宋哲元退出北平，敌伪开始抓捕进步人士。因党组织建议，齐燕铭等陆续离开北平奔赴天津等地，走上抗日救国的艰难道路。

1937年8月　平津沦陷，齐燕铭在天津与张申府、吴检斋等商议开展工作，曾在法租界聚会两次。齐燕铭原拟同张致祥一起留津办报，后因秘密出刊不能容多人，决定赴上海参加全国救国会工作。到南京后，上海发生"八一三"战事，改去济南。其时大学生、教授流亡到济南约有二千多人。

1937年9月　张友渔（秘密党员）通过关系活动韩复榘（时任山东省主席兼第三集团军总指挥），成立第三集团军政训工作人员训练班，将平津流亡学生收容起来。班主任由韩复榘自兼，黄松龄任教务长。10月上旬齐燕铭到济南后，在政训班作了一次报告。11月初，黄松龄去武汉，齐燕铭继任教务长。

1938年1月下旬　韩复榘伏法后，齐燕铭将学生送往徐州李宗仁（时任五战区司令长官）办的潢川军团后即赴鲁西北。齐燕铭随赵伊坪（党的负责人）到开封找到中共豫鲁联络局副书记刘贯一，遂办理重新入党手续。从1938年2月起作为中共预备党员，5月冀鲁豫区党委批准为正式党员。

1938年3月　到鲁西北任范筑先将军的秘书。后开办了一个政治干部学校，范筑先任校长，齐燕铭任教务长。出版《抗战日报》，齐燕铭任主编。

1938年10月10日　在《战地文化》第三期上发表《抗战中的党派问题》一文，批驳了对国共合作抗日的怀疑论点。

1938年11月　正值齐燕铭奉命外出，日军进攻聊城，范筑先率部与敌血战，聊城失陷，范将军和共产党员张郁光、姚第鸿等700余名守城将士壮烈殉国。齐燕铭著悼诗："执手临歧别，沧然念故知，悲风惊木末，落叶满清池，路狭车辙乱，思迁马辔迟，疾风看劲草，壁垒共坚持。"（写于1938年11月15日衔命赴濮阳途中）

1939年1月　调任冀南行政主任公署参议，同时党组织派他加入冀南抗战文化协会，以推动这一群众组织的工作。

1939年3月　被任命为冀南行政主任公署太行办事处主任。3月16日上山，除检查专署与各县政权工作外，主要任务是与鹿钟麟、石友三等经常联络，做好统一战线工作。

1939年11月　冀南大水成灾，各界组织冀南救灾委员会，推举齐燕铭等六人组成呼吁团。齐燕铭为团长，率团到重庆呼吁支援救灾。

1940年7月6日　经组织帮助与失散几年的家人在重庆团聚。1937年离开北平后，其夫人冯慧德与全家在日寇占领下苦度日月。后来丢下刚出生的小女儿，带着四个孩子去到上海。两年后，带着五个孩子，绕道香港、越南，走遍大半个中国，经过几个月的颠簸，终于在重庆找到齐燕铭。小聚几日后，全家一同来到西安。将家属送到八路军办事处后，齐燕铭一人赴洛阳，准备去前线，不料时局有变，无法过黄河，只好又折回西安。

1940年11月　组织决定齐燕铭先去延安，被分配在中央马列学院（后改为中央研究院、中央党校）任研究员、教员和教务处文教科科长。

1941年5月29日　著文《怀屈原》。5月31日，延安新诗会与文化俱乐部举行纪念爱国诗人屈原座谈会，齐燕铭在会上介绍屈原的生平与创作。后又写了《论屈原思想——对郭沫若先生“屈原思想”的若干补充》的文章。

1943年春　蒋介石《中国之命运》一书出版。延安将陈伯达的《评〈中国之命运〉》、范文澜的《谁革命？革谁的命？》、艾思奇的《〈中国之命运〉——极端唯心论的愚民哲学》、齐燕铭的《驳蒋介石的文化观》四篇文章结成一集，广为印行，有力抨击了蒋介石推行的一党专政。

1943年10月20日　与周恩来同志谈文艺运动问题。

同年冬，毛泽东《在延安文艺座谈会上的讲话》问世后，齐燕铭在杨绍萱编写的剧本基础上为中央党校俱乐部编导了京剧《逼上梁山》。演出后立即轰动了延安。

1944年1月9日　毛泽东看了《逼上梁山》的演出后，连夜给杨绍萱、齐燕铭写信，称赞：“你们这个开端将是旧剧革命的划时期的开端。”

在《逼上梁山》演出获得成功之后，齐燕铭写了《论平剧表演形式的推陈出新》一文。继而又参与创作排演了京剧《三打祝家庄》，积极配合了当时的革命形势。

1944年11月30日　被评为中共中央党校全校甲等模范工作者。后经中直群英代表大会评为“中直甲等模范工作者”。

1945年1月13日　被陕甘宁边区群英大会评为文艺界甲等奖获得者。

1945年4月　党的第七次代表大会在延安举行。齐燕铭参加了会议的筹备工作，并为七大会场题写了“中国共产党第七次全国代表大会”的横幅，至今挂在会场主席台上方。

1945年7月13日　被任命为中国解放区人民代表会议筹备委员会副秘书长。

1945年8月28日　日本投降后，毛泽东、周恩来、王若飞等飞抵重庆，开始国共谈判。后来周恩来率中共代表团成员叶剑英、吴玉章、陆定一、邓颖超、齐燕铭飞抵重庆。齐燕铭为中共代表团秘书长。

1946年5月3日　随周恩来及中共代表团到达南京，住在梅园新村。中共代表团对外代表党中央与国民党谈判，对内即是中共中央南方局，由周恩来负总责，领导成员有董必武、叶剑英等，齐为秘书长兼党派组组长。

1946年10月16日　和谈即将破裂，齐燕铭等30余人首批由南京飞回延安。回延安后不久，中央决定成立城市工作部，周恩来兼部长，李维汉为副部长，齐燕铭任秘书长。

1947年7月17日至9月13日　参加中央工委在河北西柏坡召开的全国土地会议。

1948年4月30日　中央发布《纪念五一劳动节口号》。毛泽东电邀各民主党派、人民团体参加新政协会议。表示拥护中共主张的回电纷纷寄来。于是齐燕铭等在周恩来直接领导下，全面开始新政协的筹备工作。

1948年9月26日　三大战役结束后，形势飞快发展。中共中央决定将城市工作部改为中央统一战线工作部。部长李维汉，副部长高文华，秘书长齐燕铭。齐燕铭负责民主人士的政治联络和协商工作，此外还兼第一室主任，负责城市政策研究和统战工作。

1949年1月31日　夜，周恩来打电话给住在平山李家庄的齐燕铭，要他和申伯纯等立即到西柏坡去。到后，周恩来对他说：叶剑英来电称北平和平解放的协定已签字，现在你们要连夜出发去北平，为了准备接待民主人士的住处和新政协的会场，需要接管中南海、香山（作为党中央驻地）、北京饭店、六国饭店、德国饭店等处，同时护送一部分民主人士进北平。并尽快调集车辆准备接送大批民主人士进北平。

1949年2月3日　晨5时，齐燕铭和住在李家庄的周建人、胡愈之等一行抵达北平。叶剑英安排齐燕铭等在天安门上观看解放军入城式。在军管会协助下，齐燕铭等进驻中南海等处。

1949年3月25日　毛主席等中央领导从西柏坡到达北平。齐燕铭组织在北平的高级民主人士去机场欢迎。毛主席到北平后，召齐燕铭去益寿堂，告诉他当晚要与民主人士会见，举行一次便宴。齐燕铭拟出参加便宴的名单等一切具体事项。

1949年4月1日　国民党政府和谈代表团飞抵北平后，齐燕铭的工作重点也随周恩来转到国共和谈和新政协筹备工作上来。中央决定齐燕铭为中共和谈代表团秘书长，随周参加个别商谈和正式会谈，负责文字修改和具体日程安排等各项工作。

1949年5月24日　协助组织周恩来宴请在北平的民主

人士，周恩来代表党中央同他们协商召开新政协和成立联合政府等重大问题。

1949年6月11日　在中南海勤政殿举行新政协筹备会预备会议，齐燕铭报告筹备情况，此后全力以赴投身到政协筹备工作中。

1949年6月16日　举行新政协筹备会常务委员会第一次会议，推举毛泽东为常务委员会主任，周恩来、李济深等5位为副主任，李维汉为秘书长，齐燕铭等人为副秘书长。筹备期间，李维汉不慎腿骨骨折，齐燕铭的担子更加重了。

1949年7月10日　中共中央组成新政协筹备会党组干事会，齐燕铭为干事之一，负责党派工作。

1949年8月26日至27日　周恩来主持政协筹备会常务会，确定新政协第一届会议代表名单，中共正式代表毛泽东、刘少奇、周恩来等16人，候补代表徐冰、齐燕铭2人。

1949年9月4日　在中央统战部举行的政协代表茶话会上介绍了政协会议筹备情况，对代表名额和名单确定情况进行了说明。

1949年9月21日　中国人民政治协商会议第一届全体会议开始举行，齐燕铭自始至终出席。他每晚要随周恩来参加中央的有关会议至凌晨，待中央领导同志休息后，他还要承上启下地布置新一天的工作，修改会议文件和会议简报等。

1949年10月19日　被任命为中央人民政府办公厅主任、中央人民政府政务院副秘书长，全力协助周总理筹建政务院及所属机构。

1950年4月1日　文化部艺术局和中华全国戏剧工作者协会主办的《人民戏剧》在上海出版。创刊号卷首刊印了毛泽东1944年看《逼上梁山》后写给杨绍萱、齐燕铭的亲笔信。

1951年1月6日　政务院机关事务管理局召开成立大会，齐燕铭到会讲话。他指出，管理局的同志是为全国最高决策机关服务，为中央人民政府政务院服务，也是为全国人民服务。要不断总结经验，建立健全各种规章制度，从各方面保障国家机关的顺利运转。

1952年　协助周总理处理土改中一些涉及统战人士的难题。同年，为加强政府机关内部的统战工作，做好与非党人士合作共事，保证民主人士有职有权有责，政务院成立了有民主人士参加的“政务院机关统战联系小组”，齐燕铭担任组长。

1953年5月14日　政府各部门负责人会议上，周总理指示齐燕铭等制定一个完整的公文制度。此后，齐燕铭、孙志远等多次研究、设计，对公文制度进行改革，逐渐形成了较完整的政府公文制度。

1953年5月25日至10月23日　为了加强政务院机关建设，提高工作效率，齐燕铭主持召开了十多次工作汇报会，交换情况，检查工作，解决一些共性问题。如建立中央机关文书交换站制度，它一直沿用至今。

1953年9月　政务院机关事务管理局改为中央人民政府机关事务管理局，由齐燕铭任党组书记并主持工作。

1954年9月　政务院改为国务院，齐燕铭担任国务院副秘书长，国务院第二次全体会议上又被任命为总理办公室主任。

1955年12月7日　周总理召集彭真、周扬、齐燕铭等开会，讨论中央《关于知识分子问题的指示（草案）》。

1956年1月14日　听取周总理在中共中央召开的知识分子问题会议上作的《关于知识分子问题的报告》。根据报告精神，5月11日，齐燕铭在国务院第二十八次全体会议上，作了成立中国专家局的说明。10月，齐燕铭兼任国务院专家局局长。他很快拟定了《国务院专家局组织简则》和《国务院专家局1956年下半年工作计划要点》，在牌子未挂、人员未调齐的情况下，专家局已开展工作。冬天，齐燕铭到东北调查知识分子的情况。

1957年5月30日　齐燕铭向周总理报送，并经国务院批转《国务院专家局关于1957年争取还在资本主义国家的留学生回国工作计划的报告》，提出争取的重点是那些国内迫切需要的人才。经几年努力，约有300人回国。充实到科学院和高校等重要教学科研岗位。

1957年10月28日　齐燕铭向国务院报送，并经国务院批转专家局《关于提请各单位在整改阶段注意进一步改善高级知识分子工作条件的报告》，建议在图书、资料、仪器、试剂以及提供助手和保证六分之五的业务时间等方面改善条件。齐燕铭主管专家局的两年中，尽力抓业务基本建设，以统战观点组织局领导班子，配备少而精的工作班子，首先抓调查研究，检查知识分子政策落实情况，争取留学生回国，提出公开招聘社会上有专长的待业人员等。反右斗争中，齐燕铭提出建议不在归国留学生中划右派，使许多人免于其难。

1957年12月10日　写报告给国务院科学规划委员会聂荣臻同志，提出需要建立古籍整理出版规划小组和培养这方面的专门人才，建议在北大开设一个专业学系，报告很快得到批准。使古籍整理出版成为中华书局的主要任务，北大中文系古典文献专业设置得以实现。

1958年2月5日　国务院科学规划委员会在京召开古籍整理出版规划小组成立会，小组由19人组成。齐燕铭任组长。郑振铎、翦伯赞、潘梓年分任文学、历史、哲学三个分组组长。齐就古籍出版状况、今后方针、规划要点等问题作了报告。指出，我们出古书的目的是为了继承我国文化遗产，为了社会主义文化建设。

1958年　齐燕铭领导全国古籍整理出版规划小组抓了三件大事：一，制定文史哲三类的整理规划；二，确定重点项目如二十四史、《资治通鉴》等基本史籍的点校，《册府元龟》、《太平御览》等大型书的影印；三，在北大设古典文献专业，培养专门人才。齐燕铭还为他们讲课。

1958年9月5日　中央召开国庆十周年筹备会，决定在北京建人民大会堂等十大工程，并确定由齐燕铭具体负责。他在周恩来亲自指导下，与北京市副市长万里同志紧张地投人工作……召集有关人士开会90多次，其中有周总理参加的即达10多次，他认真学习，虚心听取科技人员的意见，圆满地解决了从设计、施工到内部设备等方面的许多难题。万里后来回忆说："对人大会堂建设的贡献，除了总理之外，他（指齐燕铭）是第一。"人民大会堂大厅中悬挂着有毛泽东亲笔题词，由傅抱石、关山月所作名画《江山如此多娇》，画中"江山如此多娇"的印章是由齐燕铭篆刻的。

1960年初　中华书局金灿然提议，将两份油印内部刊物合并，改为铅印，定名为《古籍整理出版情况简报》，每月出一期，并提出重要稿件由齐燕铭负责审查。齐燕铭报中宣部批准后，为之题写了刊名。此刊一直延续至今，受到广泛注意和好评。

1960年1月22日　文化部常务副部长钱俊瑞向总理要求调齐燕铭到文化部帮助工作。开始总理未同意，后只同意齐燕铭兼管文化部部分工作，但重点仍在国务院。中央批准齐燕铭兼任文化部党组成员。

1960年2月16日　国务院任命齐燕铭为文化部副部长。

1960年3月15日至25日　文化部在京召开的"全国文物博物馆工作会议"。总结十年的工作成绩，讨论文博事业的八年远景规划和1960年工作计划。齐燕铭在会上作了《关于积极发展文物博物馆事业，提高工作质量》的报告。

1960年4月13至29日　出席文化部在京举行现代题材戏曲观摩演出。会演期间召开戏曲工作座谈会，就剧目方针和戏曲工作等多方面的问题进行了深入的讨论。29日齐燕铭在现代题材戏曲观摩演出大会上做总结报告。提出"现代戏、传统戏、新编历史戏三者并举"。

1960年7月　齐燕铭在国家经济十分困难，市场供应紧张的情况下，为了对高级干部和高级知识分子在副食品方面给予照顾，向中央送了报告，8月份中央书记处批准后执行。1961年书记处又做出决定："关于改善在京的科学家、艺术家和著名教授的副食品补助供应问题，由齐燕铭同志负责，成立办公机构，开列名单，制定办法，由国家拨出专款，专门解决。"

1960年11月17日　参加由陈毅副总理主持召开的国务院第105次全体会议。齐燕铭在会上对《文物保护管理暂行条例》和《第一批全国重点文物保护单位的名单》作了说明。

1961年1月20日至31日　主持文化部在上海召开的上海、广东、四川、武汉四省市重点剧院创作汇报会。各剧院对创作和劳逸安排等问题进行了汇报和讨论。总结时，齐燕铭着重讲"调整、巩固、充实、提高"和贯彻"双百"方计的问题。讲了大抓剧目创作和提高培养创作干部等问题。

1961年3月6日　文化部和国家民委，成立民族文化工作指导委员会和民族历史研究工作指导委员会，民族文化工作指导委员会由齐燕铭任主任。

1961年3月22日　主持文化部在中南海紫光阁举行的戏曲编导工作座谈会。陈毅到会讲话。

1961年3月　中央任命齐燕铭为文化部党组书记。

1961年4月15日　主持召开文化部党组会，分别对电影、艺术、出版、文物、教育、群众文化、计财、物资等单位的方针任务和工作方法（管什么、怎么管）等问题进行讨论研究。为建立正常秩序，在调查研究和总结经验的基础上，着手制定了一批条例。

1961年5月　参加了中宣部起草《关于当前文学艺术工作若干问题的意见（草案）》（即文艺十条）的工作。

1961年6月8日至7月2日　齐燕铭、夏衍、林默涵在文化部召开的全国故事片创作会议上作了报告，会上讨论了《改进电影故事片生产领导方法若干意见》。文件经过讨论修订，简称《电影工作三十二条》。

1961年8月8日　主持起草《剧院（团）工作条例（十条）》，以利加强剧院建设，促进戏剧艺术发展和提高。

1961年8月10日　参加首都各界2千余人为梅兰芳举行的追悼大会。陈毅副总理代表中央、国务院参加公祭并讲话，齐燕铭致悼词。

1961年9月6日　在人民大会堂新疆厅就如何对待戏曲遗产问题发表讲话，他说："哪里对老艺人尊重，哪里的遗产就继承的好，戏曲工作就搞的好。现在有一种不好的现象：有的地方对老艺人不够尊重，对遗产随意乱改，结果是光想出新，不来推陈，戏也搞不好。"

1961年11月17日　在文化部与中国剧协联合举办的周信芳演剧生活六十年纪念活动开幕式上致祝词。

1961年12月7日至1962年6月1日　文化部和北京市有关部门多次召开首都话剧工作座谈会，讨论话剧院的方针和长远建设目标。6月1日，齐燕铭作了总结发言。

1962年1月4日　在中华书局成立五十周年纪念会上，郭沫若、齐燕铭讲话，并题诗祝贺。胡愈之、陈叔通、叶圣陶、翦伯赞、吴晗等到会。

1962年3月2日至26日　文化部、中国戏剧家协会在广州召开全国话剧、歌剧、儿童剧创作座谈会（即广州会议）。周总理、陈毅同志专程赴会并作重要讲话。总理作《论知识分子问题》的报告。重申知识分子属于劳动阶层，再次肯定了他们的地位与作用。陈毅副总理说："不能经过十三年改造、考验、还把资产阶级知识分子的帽子戴在所有知识分子头上。""今天，我给你们行脱帽礼。"3月9日齐燕铭在讲话中强调："应发挥作家艺术家更大的积极性，他们的积极性受阻碍，提高质量就受影响。"陶铸、沈雁冰、田汉等也在会上讲话。

1962年3月21日　参加了刘少奇召集的第十八次最高国务会议，听取传达中央七千人大会的精神。会后，齐燕铭与文化部党组成员共同研究改进文化部工作的初步意见。

1962年4月27日　中央向全党发出《关于加速进行党员干部甄别工作的通知》，齐燕铭想到张庚、吴祖光、张申府等人，并就几人的处理安排提出了自己的意见。

1962年9月24日至27日　列席中共八届十中全会。国务院副总理兼秘书长习仲勋被诬为"反党集团"。此后齐燕铭被任命为国务院代秘书长，除管文化部的工作外，几乎每天要到国务院去办公。

1962年10月28日　在"梅兰芳舞台艺术电影周"开幕式

上讲话，高度评价戏曲表演艺术家梅兰芳。

1962年11月15日　在文化部召开的首都京剧创作座谈会上讲话，指出："1958年提倡现代题材戏曲，当时提法有缺点，用行政领导方法规定上演现代戏的百分比，也是不妥当的。只要对人民有益的剧目；无论是古代、现代、传统还是新编的，都是我们需要的"。

1963年8月17日　"曹雪芹逝世二百周年纪念展"在京展出，由文化部、文联、作协和故宫博物院联合主办，这是红学研究史上影响最大的一次展览，后被邀去日本展出。在筹备过程中，齐燕铭曾前后六次到故宫文华殿进行审查，写信向中宣部提建议和意见，与阿英常常交换意见，书信往来不断。

1963年11月15日　在文化部召开的二十四史整理工作座谈会上，就二十四史在历史研究中的重要性，以及整理这套书的工作进度、质量要求和如何撰写序言等问题作了重要发言。

1964年6月5日至7月31日　全国京剧现代戏观摩演出大会在北京举行。齐燕铭主持开幕式，总理作了重要讲话，毛主席观看演出并接见全体人员，但会演受到康生和江青的干扰。

1964年7月2日　去中宣部开会，听周扬传达主席对文艺的第二个批示。布置文化部再度进行整风。连夜开部党组会议，检查党组工作。从这天开始至8月，都是党组检查工作。齐燕铭和其他几位副部长反复检查。

1964年10月20日至12月25日　中央宣传部派出以周扬为首的工作组到文化部直接领导文化部整风，进一步发动群众，揭发批判文化部党组。从10月24日起，齐燕铭等六位副部长在党员大会上作检查，接受批判。批判会共进行了11次。长达半年。

1964年12月17日至1965年1月4日　参加第四届全国人民代表大会。

1965年4月7日　中共中央发出《关于调整文化部领导问题的批复》，免去齐燕铭、夏衍、陈荒煤、胡愈之等文化部副部长的领导职务。

1966年3月1日　被撤去文化部党组书记和副部长职务，贬到山东省济南市任副市长。6月17日又被调回北京参加“文化大革命”。从此以后，每天参加批斗会，或“坐飞机”，或被揪出“示众”，或跪地。

1967年12月23日　被押解到北京卫戍区，接受监护审讯，关押近七年。

1974年9月29日　在总理亲自关怀和过问下，齐燕铭终于得到“解除监护”通知。

1974年9月30日　参加人民大会堂国庆25周年招待会。

1975年10月16日　被任命为国家计委经济研究所顾问。在总理的支持下，齐燕铭决心研究并编写新中国经济史，从编写《井冈山革命根据地的经济斗争》与《中国革命根据地经济史》(1927—1937)起步，来研究中国社会主义经济建设的规律。他带领编写组的同志到江西、福建等地调查，到北京图书馆等各处收集资料，访问许多老同志。经过一年多的努力，《井冈山革命根据地的经济斗争》书稿完成。1978年8月15日他在北京医院住院期间，还找经济史组的同志交谈。令人痛惜的是他未能看到这本书的出版。

1977年12月27日至29日　参加政协第四届全国委员会常委会讨论召开第五届政协会议问题、被指定负责筹备工作。他勇敢挑起重担，立即投入新的工作。

1978年2月24日至3月8日　出席政协第五届全国委员会会议，被推选为秘书长。

1978年初　担任全国政协秘书长、机关党组书记、中共中央统战部副部长。同时还参加了全国人大五届一次会议。

1978年3月29日　经过一段时间的摸索情况，酝酿讨论，齐燕铭向邓小平、乌兰夫报送了《关于政协今年工作规划的请示报告》，对会议制度、参观访问、文史资料、外事活动和对台宣传等一系列问题提出了规划意见。

1978年4月1日　参加政治局扩大会议。

1978年4月5日　中央批准《关于全部摘掉右派分子帽子的请示报告》，齐燕铭立即在政协布置纠错工作。

1978年4月17日　召开政协秘书长办公会。讨论1978年工作规划、副秘书长分工、来信来访工作等。他要求真正把工作活跃起来，广开言路，广开才路，广泛听取各方意见，使政协成为重要渠道。

1978年4月22日　参加全国教育工作会议。

1978年4月25日　陪邓小平同志接见南斯拉夫社会主义联

盟代表团。

1978年5月7日至12日　根据中央批准的《关于中国福利会执委会人选的请示》，齐燕铭向宋庆龄副委员长作了汇报。并于5月18日向中央报送此问题的情况报告。

1978年5月9日　在文史资料委员会全体会上讲话。指出：总理曾讲，“文史资料要有正确方向，要存真，要实事求是。”今天这一工作带有抢救性质。

1978年5月14日　审批《中国人民政治协商会议全国委员会工作组试行组织简则》时，增加了“广开言路，广开才路”的内容。

1978年5月17日　向乌兰夫同志报送《关于〈政协会刊〉复刊的请示报告》。召开党组扩大会。

1978年5月20日　召开政协机关全体工作人员大会，动员学习和搞运动。

1978年6月2日　参加凉山彝族奴隶社会问题学术讨论会。

1978年6月5日　召开政协机关全体工作人员大会，作揭批“四人帮”，真正把政协工作活跃起来的动员报告。

1978年6月11日　离杭赴沪参加中国福利会执行委员会。

1978年6月14日　主持中国福利会成立四十周年大会。

1978年6月15日　与康克清一起参观中国福利会托儿所、妇幼保健医院。参加“上海之春”音乐会闭幕式。

1978年6月18日　在《人民戏剧》第6期上发表一篇缅怀总理的文章《看话剧“报童”缅怀周总理》。

1978年6月23日　住进北京医院，但仍坚持工作，每天要处理大量文件、信件，召开会议，找人谈话，外出参加各种活动。靠毅力支撑着。

1978年10月9日　带病主持余心清追悼会。

1978年10月10日　下午到晚上，仍在为将要于13日给政协机关工作人员大会的动员报告做准备。11日晨突发脑溢血，陷入昏迷，从此再也未醒来。

1978年10月21日　中午，齐燕铭带着遗憾永远地走了。享年71岁。

# 主要参考文献目录

1．马永顺、朱雨滋、齐翔安：《齐燕铭纪念文集》，中国文史出版社，2006年。

2．朱雨滋：《齐燕铭传》，征求意见稿。

3．国务院机关事务管理局大事记编撰委员会编：《国务院机关事务管理局大事记》，1995年。

4．国务院机关事务管理局编：《机关事务》，1996年。

5．马永顺：《周恩来与人民政协》，中国文史出版社，2004年。

6．江明武：《周恩来生平全记录》，中央文献出版社，2004年。

7．中共北京市委党史研究室、北京市老干部局：《执政新中国》，中共党史出版社，2005年。

8．高建中：《中国人民政治协商会议成立纪实》，当代中国出版社，2002年。

9．中共江苏省委党史工作委员会、中共南京市委党史资料征集编研委员会、中共代表团梅园新村纪念馆，《中共中央南京局》，中央党史出版社，1990年。

10．艾克恩：《延安文艺运动纪盛》，文化艺术出版社，1987年。

11．中共代表团梅园新村纪念馆：《国共谈判文献资料选辑》，江苏人民出版社，1984年。

12．山东省出版总社聊城办事处：《光嶽春秋》，山东文艺出版社，1985年。

13．年刊编辑委员会：《中国大学纪念刊》，1936年。

14．当代中国丛书编辑委员会：《当代中国的人民政协》，当代中国出版社，1984年。

15．当代中国丛书编辑委员会：《当代中国的民主党派》，当代中国出版社，1984年。

16．庄华峰编纂：《吴承仕研究资料集》，黄山书社，1989年。

17．中华书局编辑部：《回忆中华书局》，中华书局，1987年。

18．中共中央文献研究室、中共南京市委员会：《周恩来1946年谈判文选》，中央文献出版社，1996年。

19．廖盖隆：《新中国编年史（1949－1989）》，人民出版社，1989年。

20．中国京剧院：《旧剧革命的划时期的开端》，中国戏剧出版社，2005年。

21．中共中央文献研究室：《周恩来年谱》，中央文献出版社，人民出版社，1989年。

22．胡绳：《中国共产党的七十年》，中央党史出版社，1991年。

23．中共代表团梅园新村纪念馆：《中共代表团南京谈判大事记，南京出版社，1989年。

# 后　记

编写传记，我们完全没有经验。对于与父亲有关的资料也一直没有想到去收集。直到中央文献研究室将父亲的日记、笔记、自传等一包材料退回来，我们才想到应编写父亲的传。这时来做这件事的确是太晚了。与父亲共过事的人、同时代的人，许多都已经不在了，特别是对他情况了解最深的母亲也已离去。我们对父亲的一切一切知道得太少，仅仅根据日常生活中有限的接触，自然很难描述他的全貌。他们这一代人付出了鲜血和生命，吃尽了千辛万苦才建成了新中国。我们受到他们带来的福荫的庇护，不应该忘记他们。为了继承他们的遗志，完成他们开创的建设与改革的事业，我们必须认真研究他们走过的历程。"以史为鉴"，把前人的经验教训变为留给我们的宝贵精神财富。这样才能不辜负他们对我们的教育培养。因此，我们必须勉为其难来做这件事。

我们到全国各地收集资料、进行采访时，得到了许多单位和同志们的鼓励、支持和热心帮助，为我们提供材料、提供相片、介绍情况，带我们到实地去参观。没有这种巨大力量做后盾，我们是完不成这项任务的。现在书稿终于封笔了，在此书付梓之际，我们对于于光远、李昌、冯兰瑞、张致祥、仲秋元、土仿子、黄苗子、张颖、吴庆同、宋堃、朱雨滋、成元功、周研森、丁伟志、葛林、郑仲兵、韩钢、周士元、白振刚、蔡学昌、杜克勤、侯恺、傅璇琮、胡彬、魏晨旭、吴特珍等许多向我们提供无私帮助的同志们表示最诚挚的谢意！同时感谢重庆党史研究室、江苏党史工作委员会、南京党史办、全国政协、中华书局、中央统战部、红岩纪念馆、梅园新村纪念馆、荣宝斋、杜甫草堂等单位给我们的大力支持。也应特别感谢为出版这本书出力的文物出版社和为书操劳的苏士澍、黄文昆同志。最后还要感谢我的女儿申燕，她给我帮了许多忙。

由于我们水平有限和时间仓促，书中疏漏和错误在所难免。期待广大读者批评指正。

齐翔延

2008年7月